Mark Twain erlangte nicht nur als Autor von *Tom Sawyer* und *Huckleberry Finn* Weltruhm. Er wurde auch berühmt durch seine satirische Sicht auf die Gesellschaft und seine Scharfzüngigkeit. Ob sich seine Ironie gegen die Verlogenheit der Verhältnisse, gegen Ignoranz und Dummheit richtet oder ob er sich über Alltagssituationen amüsiert – immer ist sie treffsicher und brillant formuliert und höchst vergnüglich. Die schönsten Boshaftigkeiten aus seiner Feder sind in diesem Band versammelt.

Mark Twain wurde am 30. November 1835 in Florida, Missouri, geboren und starb am 21. April 1910 in Redding, Connecticut.

insel taschenbuch 3473
Mark Twain für Boshafte

# Mark Twain für Boshafte

Ausgewählt und mit
einem Nachwort versehen von
Günter Stolzenberger

Insel Verlag

Umschlagabbildung:
Tullio Pericoli, Mark Twain, 1993
www.margarethe-hubauer.com

insel taschenbuch 3473
Erste Auflage 2010

Quellennachweise am Schluß des Bandes
Umschlag nach Entwürfen von Willy Fleckhaus
Vertrieb durch den Suhrkamp Taschenbuch Verlag
Satz: Hümmer GmbH, Waldbüttelbrunn
Druck: Druckhaus Nomos, Sinzheim
Printed in Germany
ISBN 978-3-458-35173-3

1 2 3 4 5 6 – 15 14 13 12 11 10

# Inhalt

# Mark Twain für Boshafte

## Der Mensch ist unheilbar dumm

Der Affe reifte knapp fünf Millionen Jahre lang heran und verwandelte sich dann in den Menschen – jedenfalls allem Anschein nach. [BE 727]

Der Mensch ist jetzt seit 32 000 Jahren da. Daß hundert Millionen Jahre nötig waren, die Erde für ihn herzurichten, dient zum Beweis dafür, daß er das geworden ist, wofür es getan ward. Ich nehme es an. Wissen tu ich's nicht. Wenn der Eiffelturm das Alter des Erdballs vorstellte, so entspräche die Farbschicht auf seinem Gipfelknopf dem menschlichen Anteil an diesem Alter, und jedermann müßte einsehen, daß diese Farbschicht der Sinn des ganzen Gebildes sei. Ich nehme jedenfalls an, man sähe dies ein; wissen tu ich's nicht. [BE 727]

Der Mensch ist eine wunderliche Kuriosität. Von seiner allerbesten Seite gesehen ist er eine Art von blechernem Engel; im schlimmsten Fall indessen ist er unbeschreiblich und unvorstellbar, von oben bis unten und jederzeit ein einziger Unsinn. [BE 533]

Ich finde, der stärkste Einwand gegen seine Intelligenz ist die Tatsache, daß er sich angesichts dieser seiner Akte selber als die Krone der Schöpfung bezeichnet – während er doch auf Grund seines eigenen Niveaus ihren Hintern darstellt. [BE 741]

Was diese Menschenrasse bloß für eine hohe Meinung von sich selber hat! [BE 625]

... wie, wenn wir gar nicht so wichtig sind, wie wir uns allezeit eingebildet haben? [BE 746]

Ich habe die Verhaltensweisen und Anlagen der sogenannten ›niederen Tiere‹ studiert und sie mit denen des Menschen verglichen. Ich finde das Ergebnis beschämend für mich. [BE 735]

Wenn du einen verhungernden Hund auflieft und ihn herausfütterst, wird er dich nicht beißen. Das ist der Hauptunterschied zwischen einem Hund und einem Menschen. [PW 159]

Und so stelle ich fest, daß wir heruntergekommen und entartet sind, von irgendeinem fernen Vorfahren her – möglicherweise einem mikroskopisch kleinen Atom, das nach Belieben zwischen den weiten Horizonten eines Wassertropfens umherschweifte – Insekt um Insekt, Vierbeiner um Vierbeiner, Reptil um Reptil, die ganze lange Straße makelloser Unschuld hinab, bis wir die unterste Stufe der Entwicklung erreicht haben – zu definieren als das menschliche Wesen. Unter uns – nichts. Nichts als der Franzose. [KL 323]

Eine armselige, klapprige Sorte von einem Ding scheint der Mensch zu sein, eine Art Britisches Museum von Gebrechen und Minderwertigkeiten. Immer muß er etwas an sich reparieren lassen. [BE 743]

Adam und Eva hatten viele Vorteile, aber der wichtigste war, daß ihnen das Zahnen erspart blieb. [PW 56]

Die höheren Tiere bekommen ihre Zähne ohne Schmerzen oder Unbehagen. Der Mensch bekommt die seinen unter monatelangen grausamen Qualen, und das in einem Lebensalter, wo er nur schlecht damit fertig wird. Sobald er sie hat, müssen sie alle wieder gezogen werden, denn sie taugten von vornherein nichts, waren es nicht wert, auch nur eine Nachtruhe für sie zu opfern. Das zweite Gebiß erfüllt eine Weile seinen Zweck, wenn es bei Bedarf mit Gummi unterlegt oder mit Gold gefüllt wird; aber nie bekommt der Mensch ein wirklich zuverlässiges Gebiß, bis ihm der Zahnarzt eines anfertigt. Dieses nennt man dann »falsche« Zähne – als hätte er jemals eine andere Sorte besessen. [KL 323]

Hinsichtlich der allgemeinen Erscheinung blicke man auf den bengalischen Tiger – dieses Ideal der Anmut, Schönheit, physischen Vollkommenheit, Majestät. Und dann betrachte man den Menschen – dieses jämmerliche Ding. Er ist das Tier der Perücke, des trepanierten Schädels, des Hörrohrs, des Glasauges, der Pappnase, der Porzellanzähne, der silbernen Luftröhre, des Holzbeines – ein Geschöpf, das über und über geflickt und ausgebessert ist, von Kopf bis Fuß. Wenn er in der nächsten Welt keinen Ersatz für seinen Raritätenladen bekommt, wie steht er dann da? [KL 326]

Wenn etwas in der Welt einen Menschen ganz besonders und unerträglich eitel machen kann, so ist es ein Magen, der sich am ersten Tag auf See gut benimmt, wenn fast alle Gefährten seekrank sind. [AA 29]

Er [der Mensch] ist nichts als ein korrupter Nährboden, der zur Beköstigung und Unterhaltung zahlloser schwärmender Heere von Bazillen erdacht ist. [BE 744]

Was soll man vom Menschengeist halten? Sofern man glauben darf, es sei überhaupt einer vorhanden ... [BE 558]

Der Mensch ist das vernünftige Tier. So wird behauptet. Ich meine, darüber läßt sich streiten. [KL 320]

Sie glauben bloß, sie dächten. Sie können auch gar nicht denken, keine zwei von zehntausend haben etwas, womit sie denken könnten. [BE 539]

Es überrascht mich manchmal, wenn ich bedenke, wieviel wir tatsächlich wissen und wie intelligent wir sind. [AA 131]

Ohne jeden Zweifel ist der Mensch der interessanteste Narr, den es gibt. Auch der Exzentrischste. [BE 565]

In zweiundsiebzig Jahren ist mir keine ähnliche Herde von Eseln begegnet, wie die menschliche Rasse es ist. [AB 511]

In Wahrheit ist der Mensch unheilbar dumm. [KL 321]

Aber so sind wir Menschen nun einmal – wir denken nicht nach; wo wir fühlen, fühlen wir einfach nur. [YC 107]

Der Durchschnittsbürger will ›Ruhm‹, das ist ihm die Hauptsache; eine Menge Ruhm, eine Menge Lärm, eine Menge Theater, eine Menge Gleichheit und Brüderlichkeit, eine Menge Maskenbälle und Brimborium, Prahlerei und Schwindel. [BE 719]

Es gibt viele spaßige Dinge in der Welt; eines davon ist die Vorstellung des weißen Mannes, daß er weniger wild ist als die anderen Wilden. [PWN I 216]

Der Mensch ist das religiöse Tier. Er ist das einzige Tier, das die wahre Religion besitzt – sogar in mehreren Ausführungen. Er ist das einzige Tier, das seinen Nachbarn liebt wie sich selbst und ihm den Hals abschneidet, wenn dessen Theologie schiefliegt. [KL 320]

Seit 3000 Jahren ist den Astronomen nun also bekannt, daß ihr Gott die Sterne nicht in diesen fabelhaften sechs Tagen gemacht hat. Aber an dieser Kleinigkeit stößt er sich nicht. [BE 542]

Aber wenn die menschliche Rasse einmal einem Aberglauben verfallen ist, kann einzig der Tod sie davon befreien. [AB 512]

Auch ihre religiösen und politischen Überzeugungen beziehen die Menschen fast immer aus zweiter Hand.

[AB 510 f.]

... der Mensch ist das Tier, das errötet. Er ist das einzige Tier, das errötet – oder Anlaß dazu hat. [KL 318]

Er ist schon ein Prunkstück, dieser Mensch! Wüßte ich nur, wer ihn erfunden hat! [BE 539]

Ich glaube, daß unser himmlischer Vater den Menschen erfunden hat, weil er vom Affen enttäuscht war.

[AB 391]

Wirklich, es gibt Zeiten, da könnte man das ganze Menschengeschlecht aufhängen und der Farce ein Ende machen. [YC 324]

Er [der Mensch] ist zu nichts zu gebrauchen auf dem Erdboden; er sollte darunter liegen und Kohlköpfe inspirieren. [PW 199]

# In achtzig Bosheiten um die Welt

Reisen ist für Vorurteile, Bigotterie und Engherzigkeit lebensgefährlich, und viele unserer Leute benötigen es aus diesem Grunde dringend. Umfassende, gesunde und nachsichtige Vorstellungen von Menschen und Dingen kann man nicht dadurch erwerben, daß man sein ganzes Leben lang in einer kleinen Ecke der Welt vegetiert. [AA 711]

Erst wenn er ins Ausland fährt, wird der freundliche Leser erfahren, zu welch ausgewachsenem Esel er werden kann. [AA 239]

Die Deutschen sind sehr gewissenhaft, und dieser Charakterzug macht sie sehr umständlich. [BEU 155 f.]

Die Deutschen haben eine außerordentliche Schwäche für Rheinwein; er wird in hohe, schlanke Flaschen abgefüllt und gilt als angenehmes Getränk. Von Essig unterscheidet man ihn mit Hilfe des Etiketts. [BEU 109]

Mr. X hatte das Abendessen bestellt, und als der Wein auf den Tisch kam, nahm er eine Flasche in die Hand, warf einen kurzen Blick auf das Etikett und wandte sich dann an den ernsten, den melancholischen, den grabesdüsteren Oberkellner und sagte, dies sei nicht die Sorte Wein, um die er gebeten habe. Der Oberkellner griff nach der Flasche, ließ sein Leichenbestatterauge darauf ruhen und sagte:

»Das ist wahr; ich bitte um Verzeihung.« Dann wandte

er sich seelenruhig zu einem Untergebenen um und sagte: »Bring ein anderes Etikett!« [BEU 91]

An einem anderen Tag fuhren wir nach Mannheim und hörten uns eine Katzenmusik, will sagen: eine Oper an, und zwar jene, die »Lohengrin« heißt. Das Knallen und Krachen und Dröhnen und Schmettern war unglaublich. Die mitleidlose Quälerei hat ihren Platz in meiner Erinnerung gleich neben der Erinnerung an die Zeit, da ich mir meine Zähne in Ordnung bringen ließ. [BEU 65]

Der Neckar ist an vielen Stellen so schmal, daß man einen Hund hinüberwerfen kann, falls man einen hat.
[BEU 102]

Wir begegneten vielen Lastkähnen auf ihrem Weg flußaufwärts, die Segel, Maultiere und lästerliches Fluchen als Antrieb benutzen – ein langwieriges, beschwerliches Unternehmen. [BEU 108]

Jeder hat von dem großen Heidelberger Faß gehört, und die meisten haben es gewiß gesehen. Es ist ein Weinfaß von der Größe eines einstöckigen Hauses, und manche behaupten, daß es achtzehnhunderttausend Flaschen aufnehmen könne, andere, daß es achtzehnhundert Millionen kleine Fässer fasse. Ich halte es für unwahrscheinlich, daß die eine der beiden Behauptungen einen Irrtum enthält und die andere gelogen ist. [BEU 517]

Falls Sie einmal sehen möchten, in welche Abgründe Unterwürfigkeit hinabsteigen kann, brauchen Sie sich nur einem Baden-Badener Geschäftsmann gegenüber als russischer Fürst auszugeben. [BEU 169]

Seit drei Jahren hatte mich immer wieder das Rheuma gezwackt, aber das letzte Ziehen verschwand nach vierzehntägiger Badekur in Baden-Baden und ist bisher nicht zurückgekehrt. Ich glaube voll und ganz, daß ich mein Rheuma in Baden-Baden gelassen habe. Es sei Baden-Baden gegönnt. [BEU 169]

Auf dem Bauernhof sind die Aufgaben einer Frau nicht festgelegt – sie erledigt von allem etwas; in der Stadt hingegen ist es anders, dort obliegen ihr nur bestimmte Dinge, alles andere besorgen die Männer. Eine Hausmagd in einem Hotel zum Beispiel braucht nichts weiter zu tun, als die Betten und das Feuer in fünfzig bis sechzig Zimmern zu machen, Handtücher und Kerzen zu bringen und mehrere Tonnen Wasser hundertpfundweise in gewaltigen Metallkrügen mehrere Treppen hochzuschleppen. Sie braucht nicht mehr als achtzehn bis zwanzig Stunden am Tag zu arbeiten, und sie kann sich jederzeit hinknien und die Fußböden in Gängen und Kammern schrubben, wenn sie müde ist und eine Ruhepause benötigt. [BEU 105 f.]

Nach einer Weile begegneten wir ein paar Schafen, die im Sprühen eines klaren Baches weideten, der von einer dreißig Meter hohen Felswand herabstürzte, und mit einemmal ertönte von einer nahen, aber unsichtbaren Stelle her ein wohlklingendes »Huliholdrioh!«, und wir wußten, daß wir zum erstenmal das berühmte Jodeln der Älpler auf freier Wildbahn hörten. Und außerdem stellten wir fest, daß es sich dabei um dieses eigenartige Ineinander von Bariton und Falsett handelt, das wir zu Hause »Tiroler Trällern« nennen.

Das Jodeln erklang in einem fort und war sehr hübsch und erfrischend anzuhören. Dann erschien der Jodler – ein Hütejunge von sechzehn Jahren –, und in unserer Freude und Dankbarkeit gaben wir ihm einen Franken und baten ihn, noch ein bißchen mehr zu jodeln. Also jodelte er, und wir lauschten.

Nach einer Weile zogen wir weiter, und er begleitete uns großzügig mit seinem Jodeln, bis wir seinen Blicken entschwunden waren. Nach etwa einer Viertelstunde begegneten wir einem anderen Hütejungen, der jodelte, und gaben ihm einen halben Franken, damit er weiterjodele. Auch er jodelte uns zum Geleit, bis wir nicht mehr zu sehen waren. Von nun an stießen wir alle zehn Minuten auf einen Jodler; wir gaben dem ersten acht Cents, dem zweiten sechs Cents, dem dritten vier Cents, dem vierten einen Penny, zahlten Nummer fünf, sechs und sieben nichts und brachten den Rest des Tages alle übrigen Jodler mit je einem Franken dazu, daß sie von ihrem Jodeln abließen. Es geht ein bißchen zu weit mit dieser Jodelei in den Alpen. [BEU 250 f.]

Durch Überanstrengung ist in den Alpen nichts gewonnen; nichts ist gewonnen, wenn man das Werk zweier Tage in einen zwängt, nur um sich hinterher – armseliger Zweck! – damit brüsten zu können. Es wird sich auf die Dauer etwas zweckmäßiger erweisen, jeweils zwei Tage auf ein Unternehmen zu verwenden und dann beim Erzählen einen Tag abzuziehen. Das erspart Strapazen und schadet der Erzählung nicht. Alle rücksichtsvollen Alpenreisenden halten es so. [BEU 455]

Wir nahmen uns den einzigen Bergführer, der noch übriggeblieben war. Er war über siebzig, aber er hätte mir neun Zehntel seiner Kräfte abgeben können und immer noch die besessen, die ihm seinem Alter nach zukamen. Er schulterte unsere Rucksäcke, Mäntel und Alpenstöcke, und wir machten uns den steilen Pfad hinan auf den Weg. Es war heiße Arbeit. Der alte Mann bat uns schon bald, ihm auch noch unsere Jacken und Westen zu tragen zu geben, und wir gaben sie ihm; man konnte einem solch armen alten Mann so eine Kleinigkeit nicht abschlagen; wir hätten ihm alles gegeben, und wäre er auch hundertfünfzig Jahre alt gewesen. [BEU 312 f.]

Es gibt hier und da einen Amerikaner, der behaupten wird, er könne sich erinnern, daß er einmal vollkommen gesättigt von einer europäischen Table d'hôte aufgestanden sei; aber wir dürfen nicht vergessen, daß es ebenfalls hier und da einen Amerikaner gibt, der lügt. [BEU 492]

Um mich etwas genauer auszudrücken: das einfachste und gewöhnlichste Frühstück des Durchschnittsamerikaners besteht aus Kaffee und Steak. Nun, Kaffee ist in Europa ein unbekanntes Getränk. Man kann das bekommen, was der europäische Hotelier für Kaffee hält, aber es ähnelt wirklichem Kaffee ungefähr so, wie Heuchelei der Heiligkeit ähnelt ... Die dazu servierte Milch ist von der Sorte, die man in Frankreich »christliche« Milch nennt – Milch, die getauft ist. [BEU 490 f.]

*Rezept für deutschen Kaffee:* Man nehme ein Faß Wasser und bringe es zum Kochen. Darauf reibe man eine Zichorienbeere an einer Kaffeebohne und gebe erstere in das Wasser. Man setze das Kochen und Verdampfen fort, bis die Intensität des Dufts und Aromas von Kaffee und Zichorie auf einen angemessenen Grad gesunken ist, nehme dann den Sud vom Feuer und lasse ihn abkühlen. Nun schirrt man die Überreste einer ehemaligen Kuh vom Pflug los, schiebt sie in eine hydraulische Presse, und wenn man einen Teelöffel voll von diesem blaßblauen Saft gewonnen hat, der einem deutschen Aberglauben zufolge als Milch gilt, mildere man die ihm innewohnende schädliche Kraft mit einem Eimer lauwarmen Wassers und läute zum Frühstück. Man mische das Getränk in einer kalten Tasse, genieße mit Maßen davon und binde zum Schutz gegen zu starke Erregung ein nasses Tuch um den Kopf.

[BEU 497 f.]

Die Verdammnis hole alle Fremdenführer! Dieser hier sagte, er sei der begabteste Sprachkenner in Genua, soweit es Englisch beträfe, und außer ihm wären überhaupt nur noch zwei Menschen in der ganzen Stadt dieser Sprache mächtig. Er zeigte uns das Geburtshaus von Christoph Kolumbus, und nachdem wir in stiller Ehrfurcht fünfzehn Minuten lang gedankenvoll dagestanden hatten, sagte er, es sei nicht das Geburtshaus des Kolumbus, sondern das der Großmutter des Kolumbus! [AA 165]

Gelegentlich trifft man auf einen Franziskaner mit rasiertem Kopf, langer grober Kutte, Gürtelstrick und Rosenkranz und mit sandalenbekleideten oder ganz nackten Füßen. Diese Ehrenwerten kasteien sich, glaube ich, und tun Buße ihr Leben lang; aber sie sehen wie vollendete Hungersnot-Erzeuger aus. Sie sind alle fett und heiter.

[AA 166]

Aber wird diese Reliquienangelegenheit nicht ein bißchen übertrieben? In jeder alten Kirche, die wir betreten, finden wir ein Stück des echten Kreuzes und einige der Nägel, die es zusammengehalten haben. Ich möchte nicht rechthaberisch erscheinen, aber ich glaube, wir haben insgesamt ein Fäßchen dieser Nägel gesehen. Nehmen wir dann die Dornenkrone; es gibt einen Teil von einer solchen in Sainte Chapelle in Paris und einen Teil von einer solchen auch in Notre-Dame. Und was die Gebeine des heiligen Dionysius anbetrifft, so bin ich dessen sicher, daß wir deren genug gesehen haben, um ihn notfalls in zweifacher Ausfertigung zusammenzusetzen. [AA 167]

Der Führer erzählte uns diese Dinge, und er würde sich wohl kaum an den verzweifelten Versuch wagen, uns eine Lüge aufzutischen, wo er kaum die Wahrheit in Englisch herausbringt, ohne die Maulsperre zu bekommen.

[AA 187]

Soweit ich beurteilen kann, hat Italien seit fünfzehnhundert Jahren all seine Kräfte, all seine Geldmittel und all seinen Fleiß darauf verwandt, ein riesiges Aufgebot wundervoller Kirchenbauten zu errichten, und hat dabei die Hälfte seiner Bürger verhungern lassen, um das zu erreichen. Es ist heute ein riesiges Museum von Pracht und Elend. [AA 266]

Da ist zum Beispiel das Hôtel de Ville in Mailand. Es wimmelt darin von Mäusen und Flöhen, und falls die ganze übrige Welt zu Bruch ginge, gäbe es genügend Dreck her, um eine neue damit anzufangen. [BEU 510]

Das also ist die berühmte Gondel und das der prächtige Gondoliere! – das eine ein tintenschwarzes, verschossenes altes Kanu mit einem mitten daraufgesetzten düsteren Leichenwagenaufbau, und der andere ein schäbiger, barfüßiger Gassenjunge, an dem Teile der Kleidung zur Schau gestellt waren, die einer öffentlichen Untersuchung hätten vorenthalten bleiben sollen. [AA 221]

Überall war Musik – Chöre, Streichorchester, Blaskapellen, Flöten, alles. Ich war so umringt, ummauert von Musik, Pracht und lieblicher Schönheit, daß mich der Geist dieses Schauspiels überkam und ich selbst eine Melodie anstimmte. Als ich jedoch bemerkte, daß die anderen Gondeln weggefahren waren und mein Gondoliere im Begriff war, sich ins Wasser zu stürzen, hörte ich auf. [AA 224]

Es ist allgemein beliebt, den Arno zu bewundern. Er ist ein großes historisches Rinnsal von vier Fuß Breite in seinem Bett; mit einigen Prähmen, die auf ihm herumschwimmen. Es wäre ein recht überzeugender Fluß, wenn man etwas Wasser hineinpumpen würde. Alle bezeichnen ihn als Fluß, und sie glauben ehrlich, daß er ein Fluß *ist*, diese finsteren und blutigen Florentiner. Sie helfen dieser Täuschung sogar noch nach, indem sie Brücken darüber bauen. Ich sehe nicht ein, wieso sie zu fein dazu sind, durchzuwaten. [AA 253 f.]

Jedermann kennt das Bild des Kolosseums; jedermann erkennt sofort diese »mit Schießscharten und Fenstern versehene« Hutschachtel, deren eine Seite herausgebissen ist. [AA 286]

Rauchen Sie niemals italienischen Tabak. Tun Sie es unter gar keinen Umständen. Ich schaudere, wenn ich daran denke, woraus er hergestellt sein muß. [AA 163]

Sie haben nichts zu tun als essen und schlafen, schlafen und essen und ein bißchen arbeiten, wenn sie einen Freund dazu bringen, danebenzustehen und sie wach zu halten. [AA 212]

Als ich das letzte Mal in Paris war, vor drei Jahren, hatten sie da etwas, von dem sie dachten, es sei ein Lift. Er faßte zwei Personen und fuhr mit einer so niedrigen Geschwindigkeit, daß ein Zuschauer nicht hätte sagen können, in welcher Richtung er sich bewegte. Wenn die Passagiere zum sechsten Stock wollten, nahmen sie etwas zum Essen mit; und nachts Bettzeug. [EE 217]

Ich glaube, die französische Moral ist nicht von der hochgeschlossenen Art, die sich an Kleinigkeiten stößt. [AA 138]

Der gutkatholische Portugiese bekreuzigte sich und betete zu Gott, er möge ihn vor der lästerlichen Begierde bewahren, mehr zu wissen, als sein Vater vor ihm wußte. [AA 50]

Ich nehme an, daß ein Vergleich zwischen dem alten und dem modernen Griechenland den stärksten Kontrast ergibt, der in der Geschichte zu finden ist. [AA 373]

Dieser Teil des Landes ist reich an historischen Erinnerungen und arm wie die Sahara an allem anderen. [A 375]

Ich hatte immer geglaubt, ich wäre faul, aber im Vergleich zu einem Konstantinopler Hund bin ich eine Dampfmaschine. [AA 393]

Es gibt keine ermüdendere Landschaft für das Auge als die, welche die Zufahrtswege nach Jerusalem begleitet. Der einzige Unterschied zwischen den Straßen und dem umgebenden Land ist vielleicht der, daß auf den Straßen etwas mehr Steine liegen als in dem umgebenden Land. [AA 598]

An der Stelle, wo Mohammed stand, hat er in dem massiven Stein seine Fußabdrücke hinterlassen. Ich schätze, er hatte ungefähr Schuhgröße 58. [AA 625]

Kamele sind nicht schön, und ihre lange Unterlippe verleiht ihnen einen überaus »doofen« Ausdruck. Sie haben riesengroße, platte, gegabelte, kissenartige Füße, die im Staub eine Spur hinterlassen wie eine Torte, aus der ein Stück herausgeschnitten ist. Sie sind nicht wählerisch in ihrer Kost. Sie würden einen Grabstein fressen, wenn sie ihn zerbeißen könnten. [AA 466]

Ich kann mir jetzt nichts vorstellen, was einem sicherer erschauern ließe als ein weichsohliges Kamel, das hinter einem heranschleicht und einen mit seiner kalten, schlaffen Unterlippe am Ohr berührt. [AA 564]

Es würde mir leichtfallen, einen Elefanten jedem anderen Gefährt vorzuziehen, zum Teil wegen der Immunität gegen Kollisionen und zum Teil wegen der guten Aussicht, die man von dort oben hat, und zum Teil wegen der Würde, die man an diesem hohen Ort empfindet, und zum Teil, weil man in die Fenster schauen kann, um zu sehen, was da vor sich geht im Privatleben der Familie.
[FE II 282]

Der Fremde wird gewarnt, in Indien kalte Bäder zu nehmen, aber selbst die intelligentesten Fremden sind Trottel, folgen den Warnungen nicht und liegen deshalb bald auf der Nase. Ich war der intelligenteste Trottel, der in jenem Jahr durchreiste. Aber jetzt bin ich noch intelligenter. Jetzt, da es zu spät ist. [Ä 298]

Ich glaube, daß in Indien »kühle Witterung« nur ein herkömmlicher Ausdruck ist, der deshalb gebraucht wird, weil man irgendeine Möglichkeit haben muß, zwischen Wetter zu unterscheiden, das eine Messingtürklinke zum Schmelzen bringt, und Wetter, das sie nur aufweicht.
[Ä 335]

Ein Ansässiger erzählte mir, der Gipfel des Kangtschendsönga sei häufig von Wolken verborgen, ein Tourist habe manchmal zwanzig Tage gewartet und sei dann doch noch fortgefahren, ohne ihn gesehen zu haben. Und doch sei er nicht enttäuscht gewesen, denn als er seine Hotelrechnung erhielt, sei er sich dessen bewußt geworden, daß er nun das höchste Ding im Himalaja vor Augen habe.

[Ä 339]

Es gibt dort viele Palmhaine; und die Landschaft erhält einen eindrucksvollen Akzent durch einzeln stehende Individuen dieser pittoresken Familie, ... die Imitation der Natur eines Regenschirmes, der draußen war, um zu sehen, was ein Zyklon ist, und der nun versucht, nicht enttäuscht auszusehen. [FE II 224 f.]

Die Amsel ist der vollkommene Gentleman in Haltung und Kleidung und ist, glaube ich, nicht laut, außer wenn sie in einem Baum Gottesdienst oder eine politische Versammlung abhält; aber diese indische Quäker-Nachahmung ist bloß ein Rowdy und macht immerzu Krach, wenn sie wach ist – immerzu höhnt, schimpft, spottet, lacht, lästert und flucht sie und zieht über irgend etwas her. Kein Vogel kann so gut seine Meinung zu verstehen geben. Nichts entgeht ihr; sie bemerkt alles, was geschieht, und äußert ihre Ansicht darüber, besonders wenn es etwas ist, das sie nichts angeht. [Ä 182 f.]

Der Gesang der Nachtigall ist der tödlichste, den die Ornithologie kennt. Dieses teuflische Pfeifen kann dich auf dreißig Yards Entfernung umbringen. [FE II 242]

In den Augen der Hindus ist Benares unausprechlich heilig, und es ist so unhygienisch wie heilig. Es ist das Hauptquartier des brahmanischen Glaubens, und ein Achtel der Bevölkerung sind Priester dieser Kirche. Aber das bedeutet keinen Überfluß, denn sie haben ganz Indien zur Beute. Ganz Indien wallfahrtet in Massen hierher und gießt seine Ersparnisse in kräftigem, nie versiegendem Schwall in die Taschen der Priester. Einem Priester mit einem Standort am Ufer des Ganges geht es viel besser als dem Straßenkehrer an der besten Kreuzung Londons. [Ä 300]

Benares ist älter als die Geschichte, älter als die Überlieferung, älter sogar als die Legende, und sieht doppelt so alt aus wie alle zusammengenommen. [Ä 299]

Wenn ich ein indischer Fürst wäre, würde ich mir die Ausgabe sparen, einen Vorkoster zu halten, ich würde mit dem Koch zusammen essen. [Ä 201]

Nichts ist beiderseits des Ozeans so rar wie ein ausgezeichnetes Bett; nichts ist so schwer herzustellen. Einige Hotels auf beiden Seiten sind mit ihnen ausgestattet, aber kein Schiff, weder früher noch heute. In der Arche Noah waren die Betten einfach ein Skandal. Noah hat die Mode eingeführt, und sie wird bis zur nächsten Flut mit dieser oder jener Abwandlung bestehen bleiben. [Ä 278]

... ich hatte die große Insel (Hawaii) zu Pferde durchstreift und so viele wunde Stellen mit zurückgebracht, daß ich bankrott gewesen wäre, wenn ich sie hätte verzollen müssen. [AB 214]

Ich dachte, Tamarinden wären zum Essen, aber dem ist wohl doch nicht so. Ich aß mehrere, und sie schienen mir dieses Jahr ziemlich sauer geraten zu sein. Sie zogen die Lippen zusammen, bis sie dem Stielende einer Tomate ähnelten und ich vierundzwanzig Stunden lang meine Nahrung durch ein Rohr zu mir nehmen mußte. Sie machten meine Zähne so scharf, daß ich mich mit ihnen hätte rasieren können, und gaben ihnen einen Feinschliff, von dem ich fürchtete, er würde bleiben; ein Einwohner sagte aber: »Nein, der geht wieder weg, zusammen mit dem Schmelz« – was in jedem Fall tröstlich war. Hinterher fand ich heraus, daß nur Fremde Tamarinden essen – aber auch nur einmal. [DD 399]

Beim Herumziehen unter der quirlenden Menge kommt man zu den Poi-Händlern, die, umgeben von Käufern, nach echter Eingeborenenweise im Schatten auf ihren Schinken hocken. (Die Sandwich-Insulaner hocken stets und ständig auf ihren Schinken, und wer weiß, vielleicht sind sie die echten alten Schinken-Sandwiches? ...)

[DD 413]

Am Sonnabendnachmittag legen die Mädchen allen Staat an, den sie besitzen – feine Gewänder aus schwarzer Seide, fließende rote, die einem fast die Augen blenden, andere so weiß wie Schnee, wieder andere, die den Regenbogen in den Schatten stellen; und sie tragen das Haar in Netzen und schmücken ihre flotten Hüte mit frischen Blumen und umhängen ihre schwarzen Hälse mit selbstgemachten Ketten aus den knallroten Blüten der Ohia; und sie füllen mit ihrer strahlenden Erscheinung die Märkte und umliegenden Straßen und riechen mit ihrem aufdringlichen Kokosnußöl wie eine brennende Lumpenfabrik.

[DD 413]

Als Kirchgänger sind sie unerschütterlich – davon kann sie nichts abhalten. All diese Segnungen der Zivilisation haben bei den Eingeborenenfrauen schließlich dazu geführt, daß sie Keuschheit hochhalten – bei anderen. Das dürfte zu diesem Thema genug sein. [DD 416]

Dort unten auf den Inseln haben sie einen unserer ältesten und vertrautesten Grundsätze platzen lassen. Es war ein Grundsatz, an den wir alle unbedingt glaubten und den wir verehrten – und nun zeigt er sich als geschwindelter Humbug. Sei tugendhaft und du wirst glücklich sein. Die Kanakas sind nicht tugendhaft – weder Männer, Frauen noch Kinder – und doch sind sie die glücklichsten Kreaturen unter der Sonne. Sie sind so glücklich, wie der Tag lang ist. [S 15]

In der Nähe befindet sich eine interessante Ruine – die dürftigen Reste eines alten heidnischen Tempels –, ein Ort, an dem Menschenopfer gebracht wurden, damals, in jener längst vergangenen Zeit (...), lange bevor die Missionare tausend Entbehrungen auf sich nahmen, um herzukommen und die Insulaner auf ewig unglücklich zu machen, indem sie ihnen erzählten, wie wunderschön und wonniglich ein Platz im Himmel sei und wie nahezu unmöglich es sei, ihn zu erlangen; indem sie dem armen Eingeborenen erklärten, was für ein freudloser Ort die Verdammnis sei und welche unnötige Vielfalt von Möglichkeiten bestände, dort hinzukommen; ihm zeigten, wie er in seiner Unwissenheit seine ganze Verwandtschaft nutzlos vergeudet habe, und ihm bewiesen, daß den ganzen Tag lang für fünfzig Cent zu arbeiten, um sich damit die Nahrung für den nächsten Tag kaufen zu können, doch eine Seligkeit sei im Vergleich zum Fischen aus Zeitvertreib und zum Faulenzen im Schatten des ewigen Sommers und zum Essen der Gaben, die hervorzubringen kein anderer arbeitet als die Natur. Welch trauriger Gedanke, daß so viele, viele Menschen auf dieser schönen Insel ins Grab gegangen sind, ohne jemals gewußt zu haben, daß es eine Hölle gibt! [DD 404]

Erntedankfest. – Laßt uns nun alle – die Truthähne ausgenommen – in Demut, von Herzen und aufrichtig Dank sagen. Auf den Fidschi-Inseln nehmen sie keine Truthähne, sie nehmen Klempner. Es steht uns nicht an, über die Fidschi-Inseln die Nase zu rümpfen. [PW 167]

12. Oktober. – Die Entdeckung. – Wunderbar war die Entdeckung von Amerika, aber noch wunderbarer wäre es gewesen, wenn man es verpaßt hätte. [PW 213]

In Amerika wird des Sonntags mehr geflucht als an allen sechs Tagen der Woche zusammen, und dazu noch erbitterter und bösartiger als werktags. Es ist die Reaktion auf das nach gesprungenen Töpfen klingende Geschepper der billigen Kirchenglocken. [BEU 343]

In diesem einzigartigen Land [Amerika] fällt ein reicher Mann, wenn er als Sünder stirbt, der Verdammnis anheim;

er kann sich die Erlösung nicht mit Geld für Messen erkaufen. Dort hat es tatsächlich wenig Zweck, reich zu sein. Nicht viel Zweck, soweit es die andere Welt betrifft, aber viel, sehr viel Zweck, was diese Welt angeht; denn wenn ein Mann dort reich ist, wird er sehr geehrt und kann Gesetzgeber, Gouverneur, General, Senator werden, gleichgültig, was für ein dummer Esel er ist – gerade wie in unserem geliebten Italien die Adligen alle hohen Stellen einnehmen, obwohl sie manchmal geborene adlige Idioten sind. [AA 276 f.]

Satan (ungeduldig) zu einem Neuankömmling: Das Problem mit euch Leuten aus Chicago ist, daß ihr denkt, ihr seid hier unten die Besten; dabei seid ihr nur die Zahlreichsten. [PWN II 282]

Wer den ungeheuren, meilenbreiten Mississippi gewöhnt ist, pflegt sich unter »Fluß« ziemlich prächtige Wassermassen vorzustellen. Folglich ist er ziemlich enttäuscht, wenn er an den Ufern des Humboldt oder des Carson steht und feststellt, daß in Nevada ein »Fluß« ein mickriger Bach ist und in jeder Beziehung das Gegenstück zum Erie-Kanal darstellt, abgesehen davon, daß der Kanal zweimal so lang und viermal so tief ist. Eine der angenehmsten und kräftigendsten Leibesübungen, die man sich ausdenken kann, ist, über den Humboldt zu springen, bis einem zu heiß wird, und ihn dann trockenzutrinken. [DD 171 f.]

Es gehört zum Wunderlichsten, was ich kenne, Touristen aus den »Staaten« von der Schönheit des »immerblühenden Kalifornien« schwärmen zu hören. (...) Die Vorstellung, daß ein Mensch über das ernste und düstere Kalifornien in Begeisterung ausbricht, wenn er Neuenglands weite Wiesen und seine Ahornbäume, Eichen und wie Kathedralenfenster aufstrebende Ulmen im Sommerschmuck oder seine Wälder in schillernder Herbstespracht gesehen hat, wäre geradezu komisch – wenn sie nicht so rührend wäre. [DD 354]

Wir wanderten weit und in vielen Richtungen, und ich könnte dem Leser nun eine lebendige Beschreibung der Mammutbäume und der Wunder des Yosemite vorsetzen – aber was hat mir der Leser getan, daß ich ihn damit plagen soll? Ich überlasse ihn lieber weniger gewissenhaften Touristen und nehme seinen Segen. Wenn ich schon in allen anderen Tugenden versage, möchte ich wenigstens wohltätig sein. [DD 385]

Drei Monate Lagerleben an Lake Tahoe würden einer ägyptischen Mumie ihre alte Kraft zurückgeben und ihr den Appetit eines Alligators verleihen. Ich meine natürlich nicht die ältesten und vertrocknetsten Mumien, sondern die frischeren. Die Luft dort oben in den Wolken ist sehr rein und gut, stärkend und köstlich. Und warum auch nicht? Es ist doch dieselbe Luft, welche die Engel atmen. Es dürfte wohl kaum soviel Erschöpfung zusammenzukriegen sein, als daß sie sich nicht in einer einzigen Nacht auf dem Sand am Ufer dieses Sees wegschlafen ließe. [DD 142 f.]

Fort Yuma ist ein Bundesmilitärposten, und seine Insassen haben sich so an die schreckliche Hitze gewöhnt, daß sie ohne sie leiden. Man erzählt sich dort eine Geschichte (die man John Phenix zuschreibt), daß dort einmal ein sehr, sehr gottloser Soldat gestorben und selbstredend sogleich in den heißesten Winkel der Verdammnis abgefahren sei – und am nächsten Tag *nach seinen Decken telegrafiert* habe. [DD 357]

Ich mußte den Niagara fünfzehnmal besuchen, ehe es mir gelang, den Wasserfall meiner Phantasie der Wirklichkeit anzupassen, und ehe ich beginnen konnte, ihn vernünftig und sachlich als das zu bestaunen, was er war, nicht als das, was ich erwartet hatte. Als ich ihn das erste Mal aufsuchte, geschah das mit zum Himmel erhobenem Gesicht, denn ich dachte, ich würde dort von wolkenverhangenen Himalajahöhen einen Atlantischen Ozean herabstürzen sehen, eine meergrüne Wassermauer von sechzig Meilen Länge und sechs Meilen Höhe, und als mir plötzlich die spielzeugähnliche Wirklichkeit vor Augen kam – jene kleine, rüschenbesetzte Schürze, naß zum Trocknen aufgehängt –, war der Schock einfach zu groß.

Doch langsam, sicher und stetig paßten sich im Verlauf meiner fünfzehn Besuche die Proportionen den Tatsachen an, und schließlich wurde mir klar, daß ein 165 Fuß hoher und eine Viertelmeile breiter Wasserfall etwas Beeindruckendes sei. Verglichen mit meiner dahingeschwundenen großartigen Vision war es keine Kelle voll, aber es genügte auch. [Ä 368]

Ein Mensch mit ungehemmter Einbildungskraft begeht einen Fehler, wenn er sich ein berühmtes Weltwunder ansehen geht. [Ä 369]

Ich habe entdeckt, daß es keinen besseren Weg gibt, herauszufinden, ob du jemanden magst oder haßt, als mit ihm zu reisen. [TSA 92]

## Über die deutsche und andere schreckliche Sprachen

Ich ging oft ins Heidelberger Schloß, um mir das Raritätenkabinett anzusehen, und eines Tages überraschte ich den Leiter mit meinem Deutsch, und zwar redete ich ausschließlich in dieser Sprache. Er zeigte großes Interesse; und nachdem ich eine Weile geredet hatte, sagte er, mein Deutsch sei sehr selten, möglicherweise einzigartig; er wolle es in sein Museum aufnehmen. [BEU 527 f.]

Es gibt ganz gewiß keine andere Sprache, die so unordentlich und systemlos daherkommt und dermaßen jedem Zugriff entschlüpft. Aufs hilfloseste wird man in ihr hin und her geschwemmt, und wenn man glaubt, man habe endlich eine Regel zu fassen bekommen, die festen Boden zum Verschnaufen im tosenden Aufruhr der zehn Redeteile verspricht, blättert man um und liest: »Der Lernende merke sich die folgenden *Ausnahmen.*« Man überfliegt die Liste und stellt fest, daß diese Regel mehr Ausnahmen als Beispiele kennt. Also springt man abermals über Bord, um nach einem neuen Ararat zu suchen, und was man findet, ist neuer Treibsand. [BEU 528]

Ich fange am falschen Ende an, das muß so sein, denn das ist die deutsche Idee. [BEU 529]

Ein durchschnittlicher Satz in einer deutschen Zeitung ist eine unübertrefflich eindrucksvolle Kuriosität; er nimmt ein Viertel einer Spalte ein; er enthält sämtliche zehn Redeteile – nicht in ordentlicher Folge, sondern durcheinander; er ist hauptsächlich aus zusammengesetzten Wörtern aufgebaut, die der Schreiber an Ort und Stelle hergestellt hat, so daß sie in keinem Wörterbuch zu finden sind – sechs oder sieben Wörter zu einem zusammengepackt, und zwar ohne Gelenk und Naht, will sagen: ohne Bindestriche; er handelt von vierzehn bis fünfzehn verschiedenen Themen, die alle in ihre eigene Parenthese eingesperrt sind, und jeweils drei oder vier dieser Parenthesen werden hier und dort durch eine zusätzliche Parenthese abermals eingeschlossen, so daß Pferche innerhalb von Pferchen entstehen; schließlich und endlich werden alle diese Parenthesen und Überparenthesen in einer Hauptparenthese zusammengefaßt, die in der ersten Zeile des majestätischen Satzes anfängt und in der Mitte seiner letzten aufhört – *und danach kommt das* VERB, und man erfährt zum erstenmal, wovon die ganze Zeit die Rede war; und nach dem Verb hängt der Schreiber noch »haben sind gewesen gehabt worden sein« oder etwas dergleichen an – rein zur Verzierung, soweit ich das ergründen konnte –, und das Monument ist fertig. [BEU 530]

Deutsche Bücher sind recht einfach zu lesen, wenn man sie vor einen Spiegel hält oder sich auf den Kopf stellt, um die Konstruktion herumzudrehen, aber eine deutsche Zeitung zu lesen und zu verstehen wird für den Ausländer wohl immer eine Unmöglichkeit bleiben. [BEU 530]

Die deutsche Grammatik strotzt von trennbaren Verben, und je weiter die beiden Teile auseinandergerissen werden, desto zufriedener ist der Urheber des Verbrechens mit seiner Leistung. [BEU 532]

Es ist jedoch nicht ratsam, zu lange bei den trennbaren Verben zu verweilen. Man verliert unfehlbar bald die Beherrschung, und wenn man bei dem Thema bleibt und nicht gewarnt wird, weicht schließlich das Gehirn davon auf oder versteinert. [BEU 532]

Wenn einem Deutschen ein Adjektiv in die Finger fällt, dekliniert und dekliniert und dekliniert er es, bis aller gesunde Menschenverstand herausdekliniert ist. [BEU 533]

Wenn man zum Beispiel ein Haus oder ein Pferd oder einen Hund beiläufig erwähnt, schreibt man diese Wörter wie angegeben; aber wenn man sich auf sie im Dativ bezieht, hängt man ein närrisches und unnötiges *e* an und schreibt sie »Hause«, »Pferde«, »Hunde«. Da nun ein *e* oft den Plural bezeichnet, kann es dem Anfänger leicht passieren, daß er zwei Monate lang aus einem Dativhund Zwillinge macht, bevor er seinen Irrtum entdeckt; und auf der anderen Seite hat manch ein Anfänger, der sich solche Einbuße nur schlecht leisten konnte, zwei Hunde erworben und bezahlt und nur einen von ihnen erhalten, da er diesen Hund unwissentlich im Dativ Singular kaufte, während er im Plural zu sprechen glaubte – wobei das Recht gemäß den strengen Gesetzen der Grammatik natürlich auf seiten des Verkäufers war und das verlorene Geld daher nicht eingeklagt werden konnte. [BEU 534]

Im Deutschen beginnen alle Substantive mit einem großen Buchstaben. Das ist nun wahrhaftig mal eine gute Idee, und eine gute Idee fällt in dieser Sprache durch ihr Alleinstehen notwendigerweise auf. [BEU 534]

Jedes Substantiv hat sein grammatisches Geschlecht, und die Verteilung ist ohne Sinn und Methode. [BEU 534]

Im Deutschen hat ein Fräulein kein Geschlecht, wohl aber ein Kürbis. Welch übermäßige Hochachtung vor dem Kürbis und welch kaltherzige Mißachtung der unverheirateten jungen Dame sich hier verrät! Ein Baum ist männlich, seine Knospen aber sind weiblich und seine Blätter sächlich; Pferde sind geschlechtslos, Hunde sind männlich, Katzen weiblich; Mund, Hals, Busen, Ellenbogen, Finger, Nägel, Füße und Rumpf eines Menschen sind männlichen Geschlechts; was auf dem Hals sitzt, ist entweder männlich oder sächlich, aber das richtet sich nach dem Wort, das man dafür benutzt, und nicht etwa nach dem Geschlecht des tragenden Individuums, denn in Deutschland haben alle Frauen entweder einen männlichen »Kopf« oder ein geschlechtsloses »Haupt«. Nase, Lippen, Schultern, Brust, Hände, Hüften und Zehen eines Menschen sind weiblich, und sein Haar, seine Ohren, Augen, Beine, Knie, sein Kinn, sein Herz und sein Gewissen haben gar kein Geschlecht. Was der Erfinder der Sprache vom Gewissen wußte, muß er vom Hörensagen gewußt haben. [BEU 535]

Ein Deutscher nennt einen Bewohner Englands einen Engländer. Zur Änderung des Geschlechts fügt er ein »-in«

an und bezeichnet die weibliche Einwohnerin desselben Landes als Engländerin. Damit scheint sie ausreichend beschrieben, aber für einen Deutschen ist es noch nicht exakt genug, also stellt er dem Wort den Artikel voran, der anzeigt, daß das nun folgende Geschöpf weiblich ist, und schreibt: »*Die* Engländerin.« Meiner Ansicht nach ist diese Person überbezeichnet. [BEU 536]

Das deutsche Wort »also« ist ein reiner Lückenbüßer, es bedeutet nicht das geringste – jedenfalls nicht beim Reden, wenn auch manchmal in einem gedruckten Zusammenhang. Sooft ein Deutscher den Mund aufmacht, fällt ein »also« heraus, und sooft er ihn zuklappt, zerbeißt er eins, das gerade entwischen wollte. [BEU 538]

In meinem Notizbuch finde ich folgende Eintragung:

*1. Juli.* Im Krankenhaus wurde gestern einem Patienten – einem Norddeutschen aus der Nähe von Hamburg – ein dreizehnsilbiges Wort herausgenommen; aber da die Chirurgen ihn höchst unglücklicherweise an der falschen Stelle geöffnet hatten (nämlich in der Annahme, er habe ein Panorama verschluckt), starb er. Das traurige Ereignis hat einen düsteren Schatten über die ganze Stadt geworfen. [BEU 539]

Manche deutschen Wörter sind so lang, daß man sie nur aus der Ferne ganz sehen kann. Man betrachte die folgenden Beispiele:

Freundschaftsbezeigungen.
Dilettantenaufdringlichkeiten.
Stadtverordnetenversammlung.

Dies sind keine Wörter, es sind Umzüge sämtlicher Buchstaben des Alphabets. Und sie kommen nicht etwa selten vor. Wo man auch immer eine deutsche Zeitung aufschlägt, kann man sie majestätisch über die Seite marschieren sehen – und wer die nötige Phantasie besitzt, sieht auch die Fahnen und hört die Musik. Sie geben selbst dem sanftesten Thema etwas schauererregend Martialisches. Ich interessiere mich sehr für diese Kuriositäten. Sooft mir ein gutes Exemplar begegnet, stopfe ich es aus für mein Museum. Auf diese Weise habe ich eine recht wertvolle Sammlung zusammengebracht. Wenn ich auf Duplikate stoße, tausche ich mit anderen Sammlern und erhöhe so die Mannigfaltigkeit meines Bestandes. Hier sind einige Exemplare, die ich kürzlich auf der Versteigerung des persönlichen Besitzes eines bankrotten Raritätenjägers erstand:

Generalstaatsverordnetenversammlung
Altertumswissenschaften
Kinderbewahrungsanstalten
Unabhängigkeitserklärungen
Wiederherstellungsbestrebungen
Waffenstillstandsunterhandlungen [BEU 539 f.]

Ich hörte von einem amerikanischen Studenten, den jemand fragte, wie er mit seinem Deutsch vorwärtskomme, und der unverzüglich antwortete: »Überhaupt nicht. Drei volle Monate habe ich jetzt hart daran gearbeitet, und dabei ist nichts weiter herausgekommen als eine einzige deutsche Wendung: ›Zwei Glas!‹« [BEU 540]

Ich *verstehe* Deutsch so gut wie der Wahnsinnige, der es erfunden hat, aber ich *spreche* es am besten mit Hilfe eines Dolmetschers. [BEU 103]

Ihre Sprache ist voll von zärtlichen Verkleinerungsformen; nichts, was sie lieben, entgeht der Anwendung eines hätschelnden Diminutivs – weder das Haus noch der Hund, noch das Pferd, noch die Großmutter, noch irgendein anderes Wesen der belebten oder unbelebten Natur. [BEU 73]

Wenn der literarisch gebildete Deutsche sich in einen Satz stürzt, sieht man nichts mehr von ihm, bis er auf der anderen Seite des Atlantischen Ozeans mit dem Verb zwischen den Zähnen wieder auftaucht. [YC 226]

Was Adjektive betrifft: wenn du zweifelst, laß es weg. [PW 106]

Gelegentlich spannten wir nur aus Freude am Quälen harmlose Franzosen mit Fragen auf die Folter, die wir in dem unverständlichen Kauderwelsch ihrer Muttersprache formulierten, und obschon sie sich krümmten und wanden, pfählten wir sie, pfefferten wir sie, schlachteten wir sie hin mit ihren eigenen niederträchtigen Verben und Partizipien. [AA 113]

Er sprach französisch und gliederte seine Sätze mittels Schluckauf. Sein Freund war ebenfalls Franzose, sprach aber deutsch – allerdings unter Verwendung derselben Interpunktionsmethode. [BEU 424]

... sie schreiben es Vinci und sprechen es Wintschi aus; Ausländer schreiben immer besser, als sie aussprechen.

[AA 186]

Bluchers Französisch ist schlecht genug, aber es ist nicht viel schlechter als das Englisch, das man täglich in Anzeigen überall in Italien liest. Nehmen Sie zum Beispiel die gedruckte Karte des Hotels Comer See, in dem wir wahrscheinlich absteigen werden:

*Bekanntmakung*

Dies Hotel welches das beste ist es in Italien und höchst prachtvoll, ist schön liegt auf der besten Lage vom See, mit der großartigsten Aussicht nahe den Villas Melzy, auf den König von Belgier und Serbelloni. Dieses Hotel hat kürzlich vergrößern, anbieten alle Bequemlichkeiten auf gemäßigtem Preis, an die Fremden Herren die wünschen, die Saison am Como See verbringen.

[AA 192 f.]

Mr. X. führte eine kleine Broschüre mit, die er während seines Aufenthalts in München erstanden hatte. Ihr Titel lautete: »A Catalogue of Pictures in the Old Pinacotek«, und sie war in einer sonderbaren Sprache abgefaßt.

Hier ein paar Kostproben:

»Es ist nicht erlaubt, besagenes Werk zu benutzen zu einer Veröffentlichkeit desselben Inhalts wie auch von dem geraubten Druck davon.«

»Abendlandschaft. Im Vordergrund nah von einem Teich und einer Gruppe weißen Buchen lang führt ein Fußpfad ent, der sich von Reisenden belebt.«

»Ein gelernter Mann in geschabter und gerissener Bekleidung mit aufgeschlugenem Buch in seiner Hand.«

»Der heilige Bartholomäus und der Scharfrichter mit dem Messer den Märtyrer zu vollenden.«

»Bildnis eines Jünglings. Lange Zeit hielt man dieses Bild als Porträt Bindi Altovitis gedacht, jetzt gestehen wieder manche dazu, es Raphaels Selbstbildnis sein könnte.«

»Susanna im Bade, von den zwei alten Männern übergerascht. Im Hintergrund die Steinbewerfung des Verdammten.« (›Steinbewerfung‹ klingt gut, sehr viel eleganter als ›Steinigung‹).

»Der heilige Rochus in einer Landschaft sitzend, dabei ein Engel, der seine Testschwere blickt, derweil der Hund mit Brot im Munde beisteht.«

»Frühling. Die Götting Flora im Sitzen. Hinter ihr ein fruchtbares Tal von einem Fluß durchnäßt.«

»Ein schöner Blumenstrauß von Maikäfern usw. belebt.«

»Krieger in Rüstung mit Pfeife von Gips in seiner Hand neigt an den Tisch und weht den Rauch weit von ihm.«

»Niederländliche Landschaft an beschiffbarem Fluß, der sie bis an den Hintergrund durchnäßt.«

»Singende Landmänner in einer Kate. Eine Frau erlaubt aus einem Becher ihr Kind zu trinken.«

»Täuferhaupt von Johannes als Junge, auf den Putz gemalen.«

»Junger Mann aus der Familie Riccio, sein Haar am Ende glatt geschneidert, schwarz gekleiden mit ebensolcher Mütze. Raphael zugeschrieben, aber die Signatur ist im Irrtum.«

»Jungfrau hält Kind. Höchlichst nach Sassoferratos Manier gemalen.«

»Vorratskammer mit Gemüsen und totem Bild von einer Kochmagd und zwei Küchenknaben belebt.«

[BEU 121 f.]

Auf Grund meiner philologischen Studien bin ich überzeugt, daß ein begabter Mensch Englisch (außer Schreiben und Sprechen) in dreißig Stunden, Französisch in dreißig Tagen und Deutsch in dreißig Jahren lernen kann. Es liegt daher auf der Hand, daß die letztgenannte Sprache getrimmt und repariert werden sollte. Falls sie so bleibt, wie sie ist, sollte sie sanft und ehrerbietig zu toten Sprachen gestellt werden, denn nur die Toten haben genügend Zeit, um sie zu lernen. [BEU 545]

Ich habe dargelegt, daß die deutsche Sprache reformbedürftig ist. Nun denn, ich bin bereit, sie zu reformieren. Zumindest bin ich bereit, die richtigen Vorschläge zu machen. (...)

Zunächst einmal würde ich den Dativ auslassen. Er bringt die Plurale durcheinander, und außerdem weiß man nie, wann man sich im Dativ befindet, es sei denn, man bemerkt es zufällig – und dann weiß man nicht, wann und wo man hineingeraten ist oder seit wann man darin war oder wie man jemals wieder herauskommen soll. Der Dativ ist nichts weiter als schmückender Unsinn – es ist besser, ihn abzuschaffen.

Sodann würde ich das Verb weiter nach vorne holen. Man mag noch so ein gutes Verb laden, bei der gegenwärtigen deutschen Entfernung bringt man nach meiner

Beobachtung das Subjekt nie wirklich zur Strecke – man schießt es nur an. Ich empfehle daher mit Nachdruck, diesen wichtigen Redeteil an eine Stelle vorzuziehen, wo man ihn mit bloßem Auge sehen kann.

Drittens würde ich ein paar starke Ausdrücke aus dem Englischen importieren – zum Fluchen und auch zur kraftvollen Beschreibung aller möglichen kraftvollen Vorgänge.

Viertens würde ich die Geschlechtszugehörigkeit neu regeln und die Verteilung gemäß dem Willen des Schöpfers vornehmen. Dies schon aus Respekt.

Fünftens würde ich diese großen langen zusammengesetzten Wörter abschaffen oder aber von dem Sprechenden verlangen, daß er sie abschnittweise vorträgt und mit Erfrischungspausen dazwischen. Sie gänzlich abzuschaffen wäre das beste, denn Gedanken werden leichter aufgenommen und verdaut, wenn sie einer nach dem anderen und nicht zu großen Haufen geballt daherkommen. Mit der geistigen Nahrung verhält es sich genauso wie mit jeder anderen: es ist angenehmer und bekömmlicher, sie mit dem Löffel anstatt mit der Schaufel zu sich zu nehmen.

Sechstens würde ich von dem Sprechenden verlangen, daß er Schluß macht, wenn er fertig ist, und nicht einen Schwanz von diesen nutzlosen »haben sind gewesen gehabt haben worden sein« hinten an den Satz anhängt. Solcherart Tand schmückt das Gesagte nicht, sondern raubt ihm seine Würde. Er ist daher ein Ärgernis und sollte abgeschafft werden.

Siebtens würde ich die Parenthese mit und ohne Klammer abschaffen. Desgleichen die Überparenthese, die Oberüberparenthese, die Außenumoberüberparenthese und schließlich auch die letzte, weitreichende, alles umfassende Hauptparenthese. Ich würde von jedermann, ob hoch oder niedrig, verlangen, daß er mir einfach und geradezu mit dem kommt, was er mir erzählen will, oder aber seine Geschichte zusammenrollt und sich daraufsetzt und Ruhe gibt. Übertretungen dieses Gesetzes müßten mit dem Tode bestraft werden. [BEU 543 f.]

## Alte Narren sind die schlimmsten

1. April – Das ist der Tag, an dem wir daran erinnert werden, was wir an den anderen dreihundertvierundsechzig Tagen sind. [PW 199]

Wir wollen dankbar sein, daß es Narren gibt. Ohne sie hätte der Rest keinen Erfolg. [PWN I 277]

... alte Narren sind die schlimmsten. [TSA 12]

Die Wahrheit ist unser wertvollstes Gut. Laßt uns sparsam damit umgehen. [PWN I 89]

Lautstärke beweist gar nichts. Ein Huhn, das lediglich ein Ei gelegt hat, gackert oft, als ob es einen Asteroiden gelegt hätte. [PWN I 72]

... je weniger Ahnung jemand hat, desto mehr Spektakel macht er und ein desto höheres Gehalt verlangt er. [E 303]

Es ist seltsam, daß die Dummen und Unerfahrenen so häufig und so unverdient Erfolg haben, wo die Klugen und Erfahrenen versagen. [AB 328]

Aber es ist offenbar ein Naturgesetz, daß denen, die es verdienen, nichts geschenkt wird, und denen, die es nicht verdienen, alles, was man sich nur wünschen kann. Eine reichlich verrückte Methode, scheint mir. [AB 408]

Nie sieht man einen Mann, der am Kinn eine Glatze bekommt. [BE 745]

Es ist unmöglich herauszufinden, warum ein Schnarcher sich selbst nicht hören kann. [TSAB 87]

Im Grunde unseres Herzens schwärmen wir für Titel und erbliche Würden, während wir uns nach außen hin über sie lustig machen. Das ist unser demokratisches Vorrecht. [AB 240 f.]

Es ist sonderbar – sonderbar, daß in der Welt physischer Mut so weit verbreitet und moralischer Mut so selten ist. [KL 185]

Wenn jeder mit sich zufrieden wäre, gäbe es keine Helden. [AB 369]

Wenn wir eine Sünde bereuen, so tun wir es mechanisch, pflichtgemäß, kalt und mit dem Kopf; bereuen wir aber eine gute Tat, dann kommt die Reue heiß, bitter und ohne Umschweif aus dem Herzen. [BE 697]

Jeder ist ein Mond und hat eine dunkle Seite, die er niemals zeigt. [PWN II 350]

Es ist sehr anstrengend, gut zu sein. [LM 261]

Der Mann, der seine Sittsamkeit zur Schau trägt, ist der Zwilling der Statue, die ein Feigenblatt trägt. [PWN II 168]

Niemand ist ganz so vulgär wie die Übervornehmen. [PWN II 308]

Der menschliche Stolz ist nichts wert; es liegt immer etwas im Hinterhalt, um ihm den Wind aus den Segeln zu nehmen. [FE II 712]

Betrachten wir zum Beispiel den Esel: sein Charakter ist nahezu tadellos, er ist der vorzüglichste Geist unter den bescheideneren Tieren, aber seht, was Spott aus ihm gemacht hat. Anstatt es als Kompliment aufzufassen, wenn man uns einen Esel nennt, fühlen wir uns beunruhigt. [PW 33]

Wir lassen meist jemand anderen für unsere Schwächen büßen, wenn wir Gelegenheit dazu haben – aber so ist das eben. [AB 53]

Wenn rothaarige Leute oberhalb eines gewissen gesellschaftlichen Ranges stehen, dann ist ihr Haar kastanienbraun. [YC 180]

Oft glaubt der Mensch aufrichtig, er opfere sich ausschließlich für einen anderen, aber er täuscht sich; sein Grundimpuls geht dahin, einer Forderung seiner Natur und Erziehung zu genügen und dadurch seiner Seele Frieden zu verschaffen. [KL 234]

Das sittliche Gefühl lehrt uns, was das Rechte ist und wie man ihm aus dem Weg geht – wenn es unpopulär ist. [KL 168]

Es gibt keine Handlung, ob bedeutend oder unbedeutend, edel oder gemein, die einem anderen Motiv entspränge als diesem einen – dem Zwang, die eigene Seele zu besänftigen und zufriedenzustellen. [KL 234]

Manchmal besitzt ein Mensch keine schlechten Gewohnheiten, aber trotzdem schlechtere. [PWN I 15]

Denkgewohnheiten sind offenbar von allen Dingen das, was man am schwersten überwinden kann. [YC 222 f.]

Nichts bedarf der Besserung so sehr wie die Gewohnheiten anderer Leute. [PW 148]

Gewohnheit ist Gewohnheit, und niemand kann sie aus dem Fenster werfen, aber manchmal kann man sie eine Stufe tiefer locken. [PW 72]

Man kann nicht erwarten, daß ein runder Mann ohne weiteres in ein viereckiges Loch paßt. Er braucht Zeit, um seine Form zu ändern. [PWN II 383]

Je weniger Berechtigung ein althergebrachter Brauch hat, desto schwerer ist es oft, ihn loszuwerden. [TSA 52]

Wenige Dinge sind schwerer zu verkraften als das Ärgernis eines guten Beispiels. [PW 180]

Oft ist es der Fall, daß jemand, der keine Lüge über die Lippen bringt, sich für einen Kenner auf diesem Gebiet hält. [PW 213]

Es gibt Leute, die denken, daß man mit der Wahrheit immer am besten fährt. Das ist ein Aberglaube; es gibt Zeiten, da ist der Anschein von ihr sechsmal soviel wert.
[FE I 74]

Oktober. Dies ist einer der ganz besonders gefährlichen Monate für Spekulationen mit Aktien. Die anderen sind Juli, Januar, September, April, November, Mai, März, Juni, Dezember, August und Februar. [PW 129]

Es gibt zwei Zeiten im Leben eines Menschen, zu denen er nicht spekulieren sollte: wenn er es sich leisten kann, und wenn er es nicht kann. [PWN II 235]

Wenige von uns können Erfolg ertragen. Den der anderen, meine ich. [PWN II 50]

Die heilige Passion der Freundschaft ist so süß und beständig und loyal und dauerhaft, daß sie ein ganzes Leben lang anhält, falls man kein Geld von ihr leihen will.
[PW 82]

Wir alle sehen Leute gern seekrank, wenn wir selbst es nicht sind. [AA 30]

Kopfschmerzen soll man nicht unterbewerten. Wenn sie am schlimmsten sind, scheinen sie eine schlechte Investition zu sein; aber wenn die Erleichterung beginnt, ist der noch nicht vergangene Rest pro Minute 4 Dollar wert.
[PWN II 215]

Wenn du beim vornehmen Volks bist oder auf 'ner Beerdigung oder einzuschlafen versuchst, wenn du gar nicht schläfrig bist – wenn du irngwo bist, wo's sich nicht gehört, daß du dich kratzt, was denn, da fängt's dir überall zu jucken an an tausend Stellen und mehr. [HFA 13]

Kummer kann sich allein behelfen; aber um eine Freude voll auszukosten, brauchst du jemanden, mit dem du teilen kannst. [PWN II 138]

Wenn wir es nur versuchen, können wir leicht lernen, Unglück zu ertragen. Das Unglück anderer, meine ich. [PWN II 35]

Auf Emporkömmlinge gemünzte Bemerkung Dr. Baldwins: Wir denken nicht daran, Giftpilze zu essen, die denken, daß sie Trüffel sind. [PW 66]

Erziehung ist alles. Der Pfirsich war ursprünglich eine bittere Mandel; Blumenkohl ist nichts weiter als Kohl mit Hochschulbildung. [PW 66]

Eine hübsche Arie in einer Oper ist dort hübscher als irgendwo sonst, so wie ein ehrlicher Mann in der Politik mehr glänzt, als er es sonst irgendwo vermöchte. [BEU 67 f.]

Die Kenntnisse, die die Alten nicht besaßen, waren sehr umfangreich. [AA 61]

... ein Gespräch über den Krieg, von Männern geführt, die daran teilgenommen haben, ist stets interessant. Wohingegen ein Gespräch über den Mond mit einem Dichter, der nicht dort gewesen ist, einschläfernd sein kann.

[LM 225]

Der Unterschied zwischen einem Wunder und einer Tatsache ist genau der Unterschied zwischen einer Meerjungfrau und einem Seehund. Besser läßt sich's gar nicht ausdrücken. [BE 749]

Der Mann mit einer neuen Idee ist ein Spinner, bis sich die Idee durchsetzt. [PWN I 311]

Es gibt viele Mittel, sich vor Verführungen zu schützen, aber das sicherste ist Feigheit. [PWN I 339]

Jetzt entdeckte er etwas Neues – nämlich, daß das Versprechen, eine Sache nicht zu tun, das sicherste Mittel auf der Welt ist, um den Wunsch danach zu wecken.

[TSA 189]

Wie erhebend und schön ist der Gedanke, daß der erste Pionier der Zivilisation, der erste Vortrab der Zivilisation nie das Dampfschiff ist und nie die Eisenbahn und nie die Zeitung und nie die Sonntagsschule und nie der Missionar – sondern stets der Whisky! [LM 408]

Es gibt 869 verschiedene Arten zu lügen, aber nur eine davon wurde eindeutig verboten. Du sollst kein falsches Zeugnis ablegen wider deinen Nachbarn. [PWN II 224]

Der grundsätzliche Unterschied zwischen einer Katze und einer Lüge ist, daß eine Katze nur neun Leben hat.

[PWN II 320]

Er hatte viele Erfahrungen mit Ärzten gemacht, und er sagte: »Der einzige Weg, dir deine Gesundheit zu erhalten, ist essen, was du nicht willst, trinken, was du nicht magst, und tun, was du lieber lassen würdest.«

[PWN II 151]

Es ist schade, daß die Welt so viele gute Dinge verwirft, nur weil sie ungesund sind. Ich bezweifle, daß Gott uns irgendeine Erquickung gegeben hat, die – mit Maß genossen – ungesund ist, ausgenommen Bakterien. Und doch gibt es Menschen, die sich strikt alles Eßbare, Trinkbare und Rauchbare versagen, das irgendwie in zweifelhaften Ruf geraten ist. Diesen Preis zahlen sie für ihre Gesundheit. Und Gesundheit ist alles, was sie dafür bekommen. Wie seltsam das ist! Es ist, als ob man sein ganzes Vermögen für eine Kuh hinlegt, die keine Milch mehr gibt.

[AB 14]

Man beachte die Proportionen der Dinge. Es ist besser, ein junger Maikäfer zu sein, als ein alter Paradiesvogel.

[PW 82]

Jeder Mensch hat schon bei der Geburt ein Eigentum, das alle anderen an Wert übertrifft – sein letzter Atemzug.

[PWN 69]

Bemühen wir uns, so zu leben, daß selbst der Bestattungsunternehmer trauert, wenn es mit uns ans Sterben geht.
[PW 72]

Warum freuen wir uns bei einer Geburt und trauern bei einem Begräbnis? Weil wir nicht die Person sind, um die es geht. [PW 94]

Alle sagen: »Wie bitter, daß wir sterben müssen« – eine seltsame Beschwerde von Leuten, die leben mußten.
[PW 100]

Man kann nicht genug darauf achten, wie man von den Toten redet. [TS 90]

... ich habe mich noch nie lange bei Dingen aufgehalten, denen man nicht abhelfen kann. [YC 171]

Man kann seinem Herzen nicht mit Argumenten beikommen ... [YC 193]

Was würde eine Seifenblase wohl kosten, wenn es auf der ganzen Welt nur eine einzige gäbe? [BEU 424]

Man ist oft genug weiter von der Wahrheit entfernt, wenn man versucht, den Kleinen Geheimnisse zu erklären.
[BEU 430]

Uns erfüllt ein Regenbogen nicht mit dem ehrfürchtigen Gefühl, mit dem der Wilde ihm begegnet, weil wir wissen, wie er entsteht. Dadurch, daß wir unsere Nase in die Sache stecken mußten, haben wir ebensoviel verloren, wie gewonnen. [BEU 430]

Es ist ganz gleichgültig, ob man Weisheit von sich gibt oder Blödsinn redet, in jedem Fall liegt das Hauptvergnügen im fröhlichen Wackeln der Kinnlade und im teilnehmenden Spitzen des Ohres. [BEU 188]

Es ist leichter, draußen zu bleiben, als nach draußen zu gehen. [PWN I 179]

Im großen und ganzen sind wir alle gleich. (...) Daraus folgt, daß meine Meinung über die Spezies Mensch genau der entspricht, die ich über mich selbst habe. [AB 191]

Ich bin von Natur faul. Daß ich heute nicht fauler bin als vor vierzig Jahren, erklärt sich daraus, daß ich schon damals den Gipfel der Faulheit erreicht hatte. Und höher geht's eben nicht. [AB 173]

Ich mag Arbeit nicht. Auch nicht, wenn sie ein anderer erledigt. [EE 172]

... seit ich auf dieser Welt weilte, hatte ich eine Lücke an der Stelle, wo eigentlich der Fleiß sein sollte. [AB 216]

Ich habe noch nie ein Versprechen halten können. Ich mache mir dieser Schwäche wegen keine Vorwürfe, denn der Fehler muß in meiner Körperbeschaffenheit liegen. Wahrscheinlich nimmt das Organ, das mich Versprechen *machen* läßt, so viel Platz ein, daß das Organ, welches mich Versprechungen halten lassen sollte, verdrängt wurde. Aber ich bedaure das nicht. Ich liebe keine halben Sachen. Ich möchte lieber eine gutentwickelte Eigenschaft besitzen als zwei Eigenschaften von nur gewöhnlichem Format. [AA 245 f.]

Ich war von jeher wie die Missionsgesellschaft – voll der besten Absichten, doch bar jeden Moralempfindens. [KL 78]

Als ich ein junger Mann war, und auch noch in mittleren Jahren, pflegte ich mich von Zeit zu Zeit mit Besserungsabsichten zu quälen. Und ich habe diese Seitensprünge niemals bereut, denn ganz gleich, ob die Zeit der Entbehrungen lange oder kurz war, das Vergnügen, das ich bei der Rückkehr zum Laster empfand, entschädigte mich stets für alles. [AB 69]

Ich hatte damals Ideale. Ich habe sie überlebt. [AB 174]

Immer wenn ich entgegen meiner Gewohnheit und meinen Grundsätzen die Wahrheit gesagt habe, brachten die Zuhörer nicht genug Verstand auf, sie zu glauben. [AB 188]

Wenn ich den Menschen neu zu erschaffen hätte, gäbe ich ihm kein Gewissen. Es ist eine der unangenehmsten Sachen, die der Mensch besitzt, und obwohl es sicher eine Menge Gutes tut, zahlt es sich auf lange Sicht doch nicht aus; es wäre besser, weniger Gutes und mehr Bequemlichkeit zu haben. [YC 174]

Wenn ich einen Amboß hätte, würde ich ihn schätzen? Natürlich nicht. Denkt man aber einmal darüber nach, besteht zwischen dem Gewissen und einem Amboß kein großer Unterschied – was die Bequemlichkeit betrifft.

[YC 175]

Ich kann jede Art Gesellschaft ertragen. Ich brauche nur zu wissen, jemand ist ein menschliches Wesen – das genügt mir; schlimmer kann es gar nicht sein. [KL 141]

Ich glaube, ich bin öfter geboren worden als jeder andere, ausgenommen Krischna. [AB 332]

Ich aber habe vor langer Zeit den Glauben an die Unsterblichkeit verloren – und auch das Interesse daran.

[AB 349]

Alles was in uns ursprünglich ist und uns deshalb als gut oder schlecht angerechnet werden kann, paßt unter die Spitze einer Nähnadel. [YC 172]

Was mich betrifft, so denke ich bei dieser beschwerlichen und traurigen Pilgerschaft, bei diesem unwürdigen Umhertreiben zwischen den Ewigkeiten nur daran, wie ich ein möglichst sauberes, redliches und unbescholtenes Leben führen und das eine mikroskopisch kleine Teilchen in mir bewahren kann, das mein wahres Ich ausmacht; der Rest soll von mir aus zur Hölle fahren – das ist mir gleich. [YC 172]

Ich habe dieses eine Leben ausprobiert, und das war genug. [AB 350]

Das also ist die Geschichte. Einiges davon ist wahr.

[AB 224]

## Ich kann fürchterlich grob werden

Ich kann fürchterlich grob werden, wenn die Lust dazu mich überkommt. [BEU 278]

Es ist Gottes Wille, daß es Kritiker, Missionare, Kongressabgeordnete und Humoristen gibt, und wir müssen's ertragen. [AB 385]

... Politiker und Idioten sind dasselbe. [BE 615]

... wer mit den Mönchen behaftet ist, dem machen andere Seuchen auch nichts mehr aus. [KL 56]

Wenn der Wunsch zu töten und die Gelegenheit zu töten immer zusammenträfen, wer würde dem Henker entrinnen? [PWN II 111]

Eine seltsame, von Eitelkeit verzehrte, verabscheuungswürdige Person! Ich glaube, ich könnte mich nie für sie erwärmen, ausgenommen auf einem Floß im Ozean, wenn weit und breit kein anderer Proviant in Sicht wäre. [AB 495]

Ich will bloß sagen, Könige sind eben Könige, und denen muß man was nachsehen. So alle zusammengenommen, sind die 'ne mächtig miese Bande. Liegt dran, wie die erzogen sind. [HFA 175]

... alle Könige sind meistenteils Halunken, soweit ich feststellen kann. [HFA 174]

Nimm zum Beispiel einen Esel – ein Esel besitzt diese Art von Stärke und verwendet sie zu einem nützlichen Zweck, er ist für die Welt von Nutzen, gerade weil er ein Esel ist; ein Adliger dagegen ist nicht wertvoll, weil er ein Esel ist. Das ist eine Mischung, die immer unnütz bleibt – man hätte sie von Anfang an gar nicht erst versuchen sollen. [YC 145]

Man muß sich wirklich seiner Rasse schämen, wenn man an den Abschaum denkt, der auf dem Thron saß, ohne auch nur eine Spur von Recht oder Anspruch darauf zu haben, und was für siebtklassige Leute immer den Adel spielen – ein Klüngel von Monarchen und Adligen, die normalerweise in Armut und Namenlosigkeit gelebt hätten, wären sie wie redliche Leute ihren eigenen Anstrengungen überlassen geblieben. [YC 77 f.]

Meine Herren, den alten Heinrich den Achten hättste mal sehen sollen, wie der seine Blütezeit hatte. Der war aber auch 'n Gewächs. Der hat jeden Tag so 'ne neue Frau geheiratet und der denn 'n nächsten Morgen 'n Kopf abgehackt. Und der tat das genauso gleichgültig, wie wenn der sich Eier kommen ließ. [HFA 174]

Und nun, da ich gerade in Harnisch bin, kann ich auch gleich weitermachen und jeden beschimpfen, der mir gerade einfällt. [AA 267]

Auch Popularität kann man übertreiben. Wenn man in Rom ist, bedauert man es zunächst, daß Michelangelo tot ist; aber so nach und nach bedauert man nur noch, daß man seinen Tod nicht miterlebt hat. [PW 164]

Wir sahen auch einen handgeschriebenen Brief der Lucrezia Borgia, einer Dame, für die ich immer die größte Hochachtung gehegt habe, wegen ihrer außerordentlichen schauspielerischen Fähigkeiten, ihres Reichtums an massiv goldenen Bechern aus vergoldetem Holz, ihres hohen Ranges als Opernschreihals und der Leichtigkeit, mit der sie eine sechsfache Beerdigung anordnen und die Leichen dafür bereitstellen konnte. [AA 186]

Raffael malte solch teuflische Bösewichter wie Katharina und Maria von Medici, wie sie im Himmel in vertrautem Gespräch mit der Jungfrau Maria und den Engeln (ganz zu schweigen von höheren Persönlichkeiten) sitzen, und doch beschimpfen mich meine Freunde, weil ich ein kleines Vorurteil gegen die alten Meister hege – weil ich manchmal nicht imstande bin, die Schönheit ihrer Werke wahrzunehmen. Ich kann nicht umhin, sie ab und an wahrzunehmen, aber ich protestiere weiterhin gegen den kriecherischen Geist, der diese Meister dazu bringen konnte, ihre edlen Gaben mit der Schmeichelei solcher Ungeheuer wie der französischen, venezianischen und Florentiner Fürsten aus der Zeit vor zwei- und dreihundert Jahren zu schänden. [AA 268]

Ein Märtyrer zu werden ist für manche Leute das glücklichste Schicksal. Louis XVI. starb nicht in seinem Bett, folglich geht die Geschichte sehr sanft mit ihm um; sie übt Nachsicht gegenüber seinen Schwächen und entdeckt Tugenden an ihm, die man üblicherweise nicht für Tugenden hält, wenn sie in einem König wohnen. Sie stellt ihn dar als einen Mann mit sanftmütiger und schlichter Seele, dem Herzen einer Heiligen und einem nicht ganz richtigen Kopf. Außer der letzten ist keine von diesen Eigenschaften königlich. [BEU 223]

Ein merkwürdiges Beispiel für die Macht, die ein Buch, sei es zum Guten oder Bösen, haben kann, zeigt sich in der Wirkung, die von »Don Quichote« und von »Ivanhoe« erzielt wurde. Ersteres bereitete der Begeisterung der Welt für die mittelalterlichen, ritterlichen Albernheiten ein Ende; letzteres stellte sie wieder her. Was unseren Süden anbelangt, so ist das gute Werk, das Cervantes getan hat, fast wie ein abgelegtes Schriftstück, so wirksam hat Scotts verderbliches Werk es unterminiert. [LM 237]

Jedesmal, wenn ein Cooperscher Held sich in Gefahr befindet und vollkommene Stille vier Dollar die Minute wert ist, kann man sicher sein, daß er auf einen trockenen Zweig tritt. Zwar können hundert Dinge da sein, auf die er treten könnte, aber damit gäbe Cooper sich nicht zufrieden. Cooper verlangt, daß er schließlich und endlich einen trockenen Zweig findet oder – falls ihm das nicht gelingt – sich einen borgt. In der Tat müßten die Lederstrumpf-Romane eigentlich »Knackende-Zweig-Romane« heißen. [BE 640]

Cooper besaß nicht mehr Erfindungsreichtum als ein Pferd – womit ich kein richtiges Pferd meine, sondern das Pferd in der Turnhalle: ein Ding ohne Kopf. [BE 642]

Und was die Intelligenz betrifft, so ist der Unterschied zwischen einem Cooper-Indianer und einem Indio, der aus Holz geschnitzt vor einem Zigarrenladen steht, nicht gerade groß. [BE 645]

... mir scheint, der WILDTÖTER ist nichts weiter als ein literarisches *delirium tremens*. [BE 651]

Ich glaube, daß die gesamte Bevölkerung der Vereinigten Staaten – ausgenommen die Frauen – korrupt ist, wenn es um den Dollar geht. [AB 175]

Armer Vanderbilt. Wie aufrichtig bedauere ich Sie. Sie sind ein alter Mann und sollten etwas Ruhe haben. Aber Sie müssen kämpfen und kämpfen und sich selbst verleugnen und sich den ruhevollen Schlaf und den Seelenfrieden rauben, weil Sie so dringend Geld brauchen. (...) Mißverstehen Sie mich nicht, Vanderbilt. Ich weiß, Sie besitzen siebzig Millionen; aber wir beide wissen: Nicht was ein Mann besitzt, macht seinen Wohlstand aus. Nein – es ist die *Zufriedenheit* mit dem, was er hat. Solange er dringend einen bestimmten zusätzlichen Betrag *braucht*, ist dieser Mann nicht reich. Siebzig mal siebzig Millionen können ihn nicht reich machen, solange sein armes Herz nach mehr verlangt ... Sie haben siebzig Millionen, und Sie *brauchen* fünfhundert Millionen. Es verlangt Sie danach. Ihre Armut ist etwas Schreckliches. [LFI 40 f.]

Wahrscheinlich könnte man die Tatsache beweisen, daß es keine besondere, ursprünglich amerikanische Klasse von Kriminellen gibt, vom Kongreß mal abgesehen.

[PWN II 98]

Und unsere Flagge! Auch eines der Dinge, auf die wir stolz sind, unser höchster Stolz! Wir haben sie so glühend verehrt, und wenn wir sie in fernen Ländern sahen – wenn sie unerwartet an fremdem Himmel aufleuchtete und uns Willkommen und Segen zuwehte –, da hielten wir den Atem an, entblößten das Haupt und verstummten einen Augenblick bei dem Gedanken, was sie uns bedeutete und welche hohen Ideale sie verkörperte. Wirklich, wir *müssen* in dieser Sache etwas tun; das läßt sich mühelos regeln. Wir können eine Sonderflagge schaffen – unsere Bundesstaaten machen das auch: Wir nehmen einfach unsere übliche Flagge, übermalen die weißen Streifen schwarz und ersetzen die Sterne durch einen Totenkopf mit gekreuzten Knochen. [KL 60]

Unsere Zivilisation ist, in einem bestimmten spektakulären und sentimentalen Sinne verstanden, wunderbar. (...) Es ist eine Zivilisation, die die Einfachheit und den Frieden des Lebens zerstört hat, die die Lebensfreude, die Beschaulichkeit, die Romantik und Harmonie durch Geldfieber, Verödung der Ideale, Vermassung und einen Schlaf, der nicht erfrischt, ersetzt hat. Sie hat Tausende unnötiger Bedürfnisse ins Leben gerufen und sie als Notwendigkeiten drapiert, hat tausend gemeine Begierden geschaffen, ohne sie zu befriedigen; sie hat Gott abgesetzt und betet dafür den Mammon an. [BE 618 f.]

Der Wahlspruch unseres Landes ist »In God we trust«, und jedesmal, wenn wir dieses schöne Wort auf einer Dollarmünze (Wert sechzig Cents) lesen, scheint uns, als bebte und winselte es vor frommer Rührung. Das ist unser öffentliches Motto. Unser privates ist offenbar: »Wenn der Angelsachse etwas haben will, *nimmt er sich's einfach.*« Unsere öffentliche Moral spricht ergreifend aus der erhabenen und dennoch milden, gütigen Devise, die besagt, daß unsere Nation viele herzensgute, liebevolle Brüder vereint – »e pluribus unum«. Unsere private Moral wird von dem geheiligten Satz ins rechte Licht gerückt, der lautet: »Los, immer feste *treten*!« [AB 482]

Die Regierungsgewalt war unwiderruflich in die Hände der Überreichen und ihrer Lakaien gelangt, das Wahlrecht war zu einer Farce geworden und wurde als solche gehandhabt. Keine Grundsätze gab es mehr, sondern nur noch Erwerbssinn, und keinen Patriotismus als den an der Tasche. [BE 632]

Patriotismus, ach du meine Güte! Diese Affenschande, diese Perversität, dieser lackierte Kinderkram, mit dem diese Spießgesellschaft von Landräubern, Verfassungsfummlern, Narren und Heuchlern, die sich Regierung nennt, das dumme Volk benebeln. [BE 624 f.]

Auf dem ganzen Erdenrund gibt es keinen Morgen Landes, der noch im Besitz seines rechtmäßigen Eigentümers wäre oder der nicht einem Besitzer nach dem anderen in immerwährendem Kreislauf unter Gewalt und Blutvergießen entrissen worden wäre. [KL 319]

... dieser merkwürdige und maßlose Angriff eines Elefanten auf ein Nest von Feldmäusen, unter dem Vorwand, die Mäuse hätten Frechheiten gepiepst ... [KL 47]

... sollen wir fortfahren, den Völkern, die da sitzen in der Finsternis, unsere Zivilisation einzupflanzen, oder sollen wir den armen Kerlen eine Ruhepause gönnen? [KL 44]

Jener, der da sitzt in der Finsternis, wird bestimmt sagen: »Etwas ist daran sonderbar – sonderbar und unerklärlich. Es muß zwei Amerikaner geben; einen, der den Gefangenen befreit, und einen, der dem ehemaligen Gefangenen die neugewonnene Freiheit wieder abnimmt, ohne Begründung einen Streit mit ihm vom Zaun bricht und ihn dann umbringt, um sein Land an sich zu reißen.«

[KL 53]

Und vielleicht sagt er sich: »Das ist *noch eine* zivilisierte Macht, mit dem Banner des Friedensfürsten in der einen und dem Beutekorb und dem Schlächtermesser in der anderen Hand.« [KL 51]

... wir haben Amerikas Ehre geschändet und sein Ansehen in der Welt besudelt; aber jede einzelne Maßnahme erfüllte ihren Zweck. Das wissen wir. [KL 59]

Na, kommen Sie mit, trinken wir eins. [BE 625]

## Preisen wir des Schöpfers Walten

O Verstopfung, o Verstopfung!
Freudig wollen wir es halten,
Noch bis in die fernste Öffnung
Preisen wir des Schöpfers Walten. [BE 559]

Adam war auch nur ein Mensch – das erklärt alles. Er wollte nicht den Apfel um des Apfels willen; er wollte ihn nur, weil er verboten war. Der Fehler war, nicht die Schlange zu verbieten, sonst hätte er nämlich die Schlange verspeist. [PW 40]

Ich wünschte unwillkürlich, man hätte Adam und Eva aufgeschoben und Martin Luther und die Jungfrau von Orleans an ihre Stelle gesetzt – dieses prächtige Paar mit Temperamenten nicht aus Butter, sondern aus Asbest. Weder durch zuckersüße Überredung noch durch Höllenfeuer hätte Satan *sie* verleiten können, den Apfel zu essen. [KL 215 f.]

Sie waren ein herzlich schlechter Haufen, und da Gott kein Mittel wußte, sie zu bessern, beschloß er in seiner Weisheit, sie zu vertilgen. Dies ist der einzige wirklich gescheite und überlegene Einfall, den die Bibel ihm zuschreibt, und es hätte ihm für alle Zeiten zum Ruhme gereicht, hätte er sich nur daran gehalten und ihn auch ausgeführt. Aber er war allezeit wankelmütig, außer in seinem Eigenlob, und sein weiser Entschluß fiel in sich zusammen. Er war auf den Menschen stolz, der Mensch war seine beste Erfindung, der Mensch war – nächst der Fliege – sein Hätschelkind, und er konnte es nicht ertragen, ihn ganz zu verlieren. So beschloß er denn zuletzt, ihn in einem einzigen Exemplar aufzuheben und den Rest zu ersäufen. [BE 548]

Noah und seine Familie wurden also gerettet – wenn man das als einen Vorzug werten will. Ich füge dieses Wenn hinzu, weil es noch keine intelligente Person im Alter von mehr als sechzig Jahren gegeben haben dürfte, die eingewilligt hätte, ihr Leben noch einmal zu leben.

[BE 558]

Schließlich lief die Arche auf Grund und kam auf dem Gipfel des Berges Ararat zum Stehen, siebentausend Fuß überm Tal, und ihre lebendige Fracht kam heraus und den Berg hinunter.

Noah legte einen Weinberg an, trank von dem Wein und betrank sich. Dieser Mann war aus der gesamten Erdbevölkerung ausgewählt worden, weil er das beste Exemplar war. Er sollte die menschliche Rasse auf neuer Grundlage wiederbegründen. Hier war nun die neue Grundlage. Die Aussichten standen schlecht. Mit dem Experiment fortzufahren bedeutete ein großes, unkluges Risiko. Immer noch war Zeit, mit ihm und den Seinen so zu verfahren wie mit den andren – sie zu ersäufen. Jeder andere als der Schöpfer hätte das eingesehen. Er aber nicht.

[BE 571 f.]

Nebenbei möchte ich einflechten, daß er überhaupt ein besonderes Augenmerk auf die Armen hatte. Neun Zehntel der Krankheitserfindungen waren auf die Armen gemünzt, und sie erhielten sie. Die Wohlhabenden bekommen dann nur noch, was übrigbleibt. [BE 560]

Sie haben einen Himmel erfunden, rein aus der Luft gegriffen, ganz aus sich selbst heraus; und nun ratet, wie er beschaffen ist. In fünfzehnhundert Ewigkeiten ratet Ihr's nicht. Der findigste Kopf, der Euch oder mir bekannt wäre, käme in fünfzig Millionen Äonen nicht drauf. Gut, ich will ihn Euch schildern. [BE 536]

Er stellt sich den Himmel vor, aber er schließt aus ihm den höchsten seiner Genüsse vollständig aus, die eine Ekstase, die im Herzen jedes einzelnen von ihnen – wie auch bei uns – zuallererst und zualleroberst kommt: den Geschlechtsgenuß. [BE 534]

Von der Jugend an bis ins mittlere Alter preisen Männer wie Weiber den Beischlaf über alle anderen Genüsse zusammengenommen; und doch ist es so, wie ich sage: in ihrem Himmel gibt es ihn nicht – an seine Stelle tritt das Gebet. [BE 536]

In dem Himmel der Menschen singt jeder. Wer auf Erden niemals gesungen hat, hier tut er's, und wer es auf Erden nicht konnte, hier kann er's. Der himmlische Gesang ist nicht beiläufig und gelegentlich, auch nicht von Zwischenräumen der Stille gemildert, sondern er dauert an, den ganzen langen Tag, tagtäglich zwölf Stunden lang. Und jeder bleibt, während doch auf der Erde die Stelle binnen zwei Stunden menschenleer wäre. Der Gesang besteht ausschließlich aus Hymnen. Oder vielmehr aus einer einzigen Hymne. Der Text ist stets der gleiche, an Zahl sind es nur ein Dutzend Wörter, es ist auch kein Reim darin, keine Poesie: »Hosianna, Hosianna, gelobt seist du, Gott Zebaoth, Rabarber Rabarber Rabarber . . .!«

[BE 537]

Sein Himmel ist wie er selber: seltsam, interessant, erstaunlich, grotesk. Ich gebe Euch mein Wort, dieser sein Himmel birgt nicht ein einziges Ding, das er wirklich für wert hält. Er besteht einzig und allein aus Zerstreuungen, von denen er hier auf Erden so gut wie nichts hält, ist aber fest davon überzeugt, daß er sie im Himmel lieben würde. [BE 535]

Es ist leicht zu sehen, daß der Erfinder dieses Himmels sich die Idee nicht selber ausgedacht, sondern von dem Gepränge irgendeines albernen Herrschers im hintersten Orient übernommen hat. [BE 538]

. . . jedes Volk *weiß*, daß es die einzig wahre Religion und das einzig vernünftige Regierungssystem besitzt, jedes verachtet alle anderen, jedes ist ein Esel und ahnt es nicht, jedes ist stolz auf seine eingebildete Überlegenheit, jedes ist absolut sicher, es sei der Liebling Gottes, und fordert ihn in Kriegszeiten mit unerschütterlicher Zuversicht auf, das Kommando zu übernehmen, jedes ist überrascht, wenn er zum Feind überläuft, doch gewohnheitsgemäß in der Lage, das zu entschuldigen und die Komplimente wiederaufzunehmen. [KL 313]

Ihr habt zur Kenntnis genommen, daß das menschliche Lebewesen eine Sonderbarkeit ist. Im Lauf der Zeiten hat er Hunderte und aber Hunderte von Religionen gehabt (und sie abgenützt und weggeworfen); auch heute hat er Hunderte und aber Hunderte von Religionen und läßt jedes Jahr nicht weniger als drei neue vom Stapel. Ich könnte diese Zahl auch höher ansetzen und bliebe immer noch auf dem Boden der Tatsachen. [BE 540]

Wenn ich an die Menge unangenehmer Leute denke, von denen ich weiß, daß sie in eine bessere Welt hinübergegangen sind, fühle ich mich bemüßigt, meinen Lebenswandel zu ändern. [PW 129]

Unter keinen Umständen wird je von einer Kanzel herab dem Schöpfer ein Kompliment gespendet, das auch nur eine Spur von Wahrheit in sich hat. [BE 560]

Sag ich mir so, wenn einer alles kriegen kann, wo er für betet, warum kriegt der Diakon Winn da nicht das Geld zurück, was der mit Schweinsfleisch verloren hat? Warum kann die Witwe denn da nicht ihre silberne Schnupftabaksdose wiederkriegen, die wo ihr gestohlen worden ist? Warum kann Miss Watson denn dann kein Fett zulegen? Nee, sag ich mir da, das funktioniert gar nicht.

[HFA 19]

Man darf festhalten, die meisten Leute gehen nicht gern zur Kirche hin, bloß wenn die müssen ... [HFA 131]

Man kann 'ne Lüge nicht beten – das hab ich rausgefunden. [HFA 234]

# Diamanten aus zweiter Hand*

Wir wollen nicht allzu eigen sein. Es ist besser, alte Diamanten aus zweiter Hand zu besitzen, als gar keine.

[PWN I 327]

Was Ungeduld ist, kann nur der ermessen, der einen steinreichen, kranken Erb-Onkel hat.

Man könnte viele Beispiele für unsinnige Ausgaben nennen, aber keines ist treffender als die Errichtung einer Friedhofsmauer. Die, die drinnen sind, können sowieso nicht hinaus, und die, die draußen sind, wollen nicht hinein.

Man vergißt vielleicht, wo man die Friedenspfeife vergraben hat. Aber man vergißt niemals, wo das Beil liegt.

Ein Bankier ist ein Mensch, der seinen Schirm verleiht, wenn die Sonne scheint, und ihn sofort zurückhaben will, wenn es zu regnen beginnt.

Alle klagen über das Wetter. Aber es findet sich niemand, der etwas dagegen tut.

Geldmangel ist die Wurzel allen Übels.

* Die in diesem Kapitel enthaltenen Zitate sind, vom ersten abgesehen, literarisch nicht belegt, sind aber allgemein als Twain-Zitate bekannt. Sie stammen vorwiegend aus mündlicher Überlieferung.

Tatsachen muß man kennen, bevor man sie verdrehen kann.

Golf ist nichts weiter als ein verdorbener Spaziergang.

Schlagfertigkeit ist etwas, worauf man erst 24 Stunden später kommt.

Als Gott den Menschen erschuf, war er bereits müde; das erklärt manches.

Man kann die Erkenntnisse der Medizin auf eine knappe Formel bringen: Wasser, mäßig genossen, ist unschädlich.

Verschiebe nichts auf morgen, was genausogut auf übermorgen verschoben werden kann.

Mit dem Rauchen aufzuhören ist kinderleicht. Ich habe es schon mehr als hundertmal geschafft.

Journalisten sind Leute, die ein Leben lang darüber nachdenken, welchen Beruf sie eigentlich verfehlt haben.

Wir lieben die Menschen, die frisch heraus sagen, was sie denken – falls sie das gleiche denken wie wir.

Gegen Zielsetzungen ist nichts einzuwenden, sofern man sich dadurch nicht von interessanten Umwegen abhalten läßt.

Sommer ist die Zeit, in der es zu heiß ist, um das zu tun, wozu es im Winter zu kalt war.

Der kälteste Winter, den ich jemals verbrachte, war ein Sommer in San Francisco.

Erst schuf der liebe Gott den Mann, dann schuf er die Frau. Daraufhin tat ihm der Mann leid, und er gab ihm den Tabak.

Es gibt nur ein Problem, das schwieriger ist, als Freunde zu gewinnen. Sie wieder loszuwerden.

Männer, die behaupten, sie seien die uneingeschränkten Herren im Haus, lügen auch bei anderer Gelegenheit.

Versuchungen sind wie Vagabunden: wenn man sie freundlich behandelt, kommen sie wieder und bringen andere mit.

Die Zeit mag Wunden heilen, aber sie ist eine miserable Kosmetikerin.

Als ich 14 Jahre alt war, war mein Vater für mich so dumm, daß ich ihn kaum ertragen konnte. Aber als ich 21 wurde, war ich doch erstaunt, wieviel der alte Mann in sieben Jahren dazugelernt hatte.

Vor 60 Jahren waren Optimist und Narr keine synonymen Ausdrücke.

Ein Langweiler ist ein Mensch, der redet, wenn du wünschst, daß er zuhört.

Wir sollten darauf achten, einer Erfahrung nur soviel Weisheit zu entnehmen, wie in ihr steckt – mehr nicht; damit wir nicht der Katze gleichen, die sich auf eine heiße Herdplatte setzte. Sie setzt sich nie wieder auf eine heiße Herdplatte – und das ist richtig; aber sie setzt sich auch nie wieder auf eine kalte.

Wir haben viele Sündenböcke, aber der populärste ist die Vorsehung.

Zivilisation ist die unablässige Vermehrung unnötiger Notwendigkeiten.

Die Menschen tun viel, um geliebt zu werden. Alles aber setzen sie daran, um beneidet zu werden.

Gut sein ist edel, aber anderen zeigen, wie sie gut sein sollen, ist edler und macht weniger Mühe.

Ich glaube nicht, daß es irgend etwas auf der ganzen Welt gibt, was man in Berlin nicht lernen könnte – außer der deutschen Sprache!

Kein Breitengrad, der nicht dächte, er wäre Äquator geworden, wenn alles mit rechten Dingen zugegangen wäre.

Es gibt nichts, was man auf ein Kompliment erwidern könnte. Ich habe selbst schon so oft Komplimente bekommen, und immer machen sie mich verlegen. Ich habe immer das Gefühl, es wäre nicht genug gesagt worden.

Von einem guten Kompliment kann ich zwei Monate leben.

Rhetorik ist deshalb ein Problem, weil es schwierig ist, gleichzeitig zu reden und zu denken. Politiker entscheiden sich meistens für eines von beiden.

Das menschliche Gehirn ist eine großartige Sache. Es funktioniert bis zu dem Zeitpunkt, wo du aufstehst, um eine Rede zu halten.

Wie muß Adam das Gefühl ausgekostet haben, Dinge zu sagen, die vor ihm noch keiner gesagt hat!

Mit Philosophen muß man sprechen, wenn sie Zahnschmerzen haben.

In jede Gesellschaft gehört ein Idiot, der die naiven Fragen stellt, vor denen man selbst zurückschreckt.

Immer wenn man die Meinung der Mehrheit teilt, ist es Zeit, sich zu besinnen.

Es ist töricht, sich im Kummer die Haare zu raufen, denn noch niemals ist Kahlköpfigkeit ein Mittel gegen Probleme gewesen.

Es ist idiotisch, sieben oder acht Monate an einem Roman zu schreiben, wenn man in jedem Buchladen für zwei Dollar einen kaufen kann.

Wer nicht weiß, wohin er will, der darf sich nicht wundern, wenn er ganz woanders ankommt.

Eine gute Rede hat einen guten Anfang und ein gutes Ende – und beide sollten möglichst dicht beieinander liegen.

Es ist besser, den Mund zu halten und dumm zu erscheinen, als ihn zu öffnen und allen Zweifel zu beseitigen.

Das schönste aller Geheimnisse: ein Genie zu sein und es als einziger zu wissen.

Das Recht auf Dummheit gehört zur Garantie der freien Entfaltung der Persönlichkeit.

Gäbe es die letzte Minute nicht, so würde niemals etwas fertig.

## Nachwort

»Ich hatte damals Ideale. Ich habe sie überlebt.« Mark Twain ist einundsiebzig, als er diese Aussage trifft, und er hat zu diesem Zeitpunkt in der Tat die meisten Ideale und Illusionen seiner jüngeren Jahre hinter sich gelassen. Er ist dabei, seine Biographie zu schreiben, besser gesagt, er erzählt Geschichten und Anekdoten aus seinem Leben, verknüpft sie mit philosophischen Betrachtungen, übergießt sich und andere mit der Ironie, die wir von ihm gewohnt sind, und würzt das Ganze mit seinem unverkennbaren trockenen Humor.

Sein Leben ist reich; reich an Abenteuern und Reisen, an Freunden und Begegnungen mit interessanten Persönlichkeiten, an Idealen und Illusionen und reich an den schmerzhaften Prozessen, die sich einstellen, wenn Ideale mit der Realität in Widerspruch geraten. Das aber ist in seinem Fall unausweichlich. Amerika befindet sich im Umbruch, und zwar in mehrfacher Hinsicht: es wächst; zunächst nach Westen. Der Mississippi, zu Zeiten von Tom Sawyer noch Grenzland, wird zum Ausgangspunkt für die Eroberung des Westens. Gleichzeitig entwickelt sich das Land im Laufe eines Bürgerkrieges von einer Sklavenhaltergesellschaft zur Industrienation. Es erlebt einen enormen industriellen Aufschwung und wird zur Weltmacht mit imperialistischen Ansprüchen.

Die Möglichkeiten für den, der sein Glück zu machen sucht, scheinen unbegrenzt, auch für Mark Twain, der ein überzeugter Amerikaner ist. Und er ist der ideale Kandidat für das Glücksversprechen des aufstrebenden Landes: Er ist vielseitig talentiert, ehrgeizig, und er hat Ambitionen. Er will es zu etwas bringen, vor allem zu Reichtum, ein Traum, den bereits sein Vater geträumt hat – das einzige übrigens, was dieser ihm hinterlassen hat. Sein ganzes Leben wird Twain immer wieder versuchen, auf möglichst einfache Weise zu möglichst viel Geld zu kommen, Wohlstand und gesellschaftliches Ansehen zu erringen, und es wird ihm sogar gelingen.

Aber Twain ist alles andere als der typische Aufsteiger. Wir haben es mit einer Persönlichkeit zu tun, die einen starken Willen ihr eigen nennt, die aber mit einem ebenso starken moralischen Empfinden, einem Sinn für Gerechtigkeit und dem Glauben an das Gelingen der Demokratie ausgestattet ist. Er will, daß alle am gesellschaftlichen Fortschritt teilhaben, und sieht, daß dem vor allem zwei Hindernisse im Wege stehen: die Gier der Mächtigen und die Dummheit der Menschen. Gegen beide kämpft er, schreibend als Journalist, Romancier, Essayist und als Redner. Und wenn es seine Absicht ist, damit die Massen zu erreichen, dann denkt er zweifelsohne auch an den Absatz seiner Bücher, hofft aber immer auf deren aufklärerische Wirkung.

Mark Twain ist ein Humanist und Aufklärer im Land der unbegrenzten Möglichkeiten, noch dazu einer, der nach oben will – eine Kombination, die reichlich Konfliktstoff birgt. Konflikte aber fürchtet er nicht. Er ist ein streitbarer Mensch, und er verfügt über eine unschlagbare Waffe: einen prächtigen Humor, der es ihm ermöglicht, auf ganz unterschiedlichen Wegen unangenehme Wahrheiten auszusprechen – mit dem volksverbundenen Mutterwitz Tante Pollys, mit der Ironie eines Amerikaners, der die Welt dem Urteil des gesunden Menschenverstands unterzieht, und mit dem giftigen Stachel des Satirikers. Twain schafft es, sich in die Herzen des großen Publikums zu schreiben und zum gefeierten Humoristen zu avancieren, weil er die Menschen kennt und auch dann noch auf ihrer Seite bleibt, wenn er sie kritisiert, und weil er immer ein Spaßmacher bleibt, der es ernst meint.

Samuel Langhorne Clemens, so sein bürgerlicher Name, wird 1835 geboren. Seine Kindheit erlebt er in Hannibal/Missouri, einem kleinen Nest am Mississippi, das als St. Petersburg, der Heimat von Tom Sawyer und Huck Finn, in der ganzen Welt berühmt werden sollte. Die Familie lebt in einfachen Verhältnissen, ist jedoch nicht arm. Das ändert sich, als sein Vater stirbt. Samuel ist zwölf und muß die Schule verlassen, um Geld zu verdienen.

Er wird Druckerlehrling bei der örtlichen Zeitung, und er betritt damit ein Metier, in dem er sich immer wieder bewegen wird und das an der Entwicklung seines schriftstellerischen Talents großen Anteil hat. Hier kommt er erstmals in größerem Umfang mit der Literatur in Verbindung, denn die mehr als tausend Zeitungen im Land dienen nicht nur der Verbreitung von Neuigkeiten, sondern auch der Bildung und der Unterhaltung eines lesehungrigen Publikums. Es erscheinen Kurzfassungen englischer und amerikanischer Literatur und, was noch wichtiger ist, humoristische Geschichten mit Lokalkolorit, die oft aus mündlicher Überlieferung stammen.

Im Alter von fünfzehn Jahren beginnt Samuel Langhorne Clemens, eigene Geschichten zu veröffentlichen. Deren Zahl kennt wohl niemand, denn bis 1871 wird er für mehr als fünfzig Zeitungen arbeiten: in der Provinz, in den Städten des Ostens, im damals noch wilden Westen, in San Francisco. Er ist Reporter, berichtet über lokale Ereignisse, verfaßt selbsterfundene Geschichten und solche, die er von mündlichen Erzählungen kennt. Und er schreibt sozialkritische Artikel über gesellschaftliche Mißstände, in denen er korrupte Politiker, gewalttätige Polizisten oder geldgierige Geschäftsleute anprangert. Diese Art zu schreiben aber ist ihm Broterwerb und kein besonders einträglicher. Der Wunsch nach gesellschaftlichem Aufstieg und Reichtum treibt ihn um. Er sucht nach Alternativen. Er träumt von einem abenteuerlichen Leben in Freiheit und Ungebundenheit und findet es in seiner alten Heimat, am Mississippi.

1857 läßt er sich zum Lotsen auf einem Dampfboot ausbilden, der alte Kindheitstraum, den er in *Tom Sawyers Abenteuer* beschreibt. Vier Jahre lang befährt er den Mississippi zwischen St. Louis und New Orleans, und er könnte das für den Rest seiner Tage machen, aber der Bürgerkrieg bereitet dem Traum ein jähes Ende.

An Träumen mangelt es ihm nicht, weswegen er sich umgehend in ein neues Abenteuer stürzt: In Nevada werden Gold und Silber gefunden, das verspricht schnellen Reichtum, der jedoch nicht eintrifft. Aus Not wird er 1862 wieder Reporter. Ab jetzt aber zeichnet er seine Artikel und Geschichten mit einem Pseudonym, das um die Welt gehen wird: »Mark Twain«, dem »Ruf der Grundloter auf dem Mississippi«[1], der dem Lotsen anzeigt, daß er sicheres Wasser hat: zwei Faden tief.

Nein, sicheres Wasser hat Mark Twain vorerst noch nicht

1 AB S. 152

unterm Kiel, aber er beginnt sich einen Namen zu machen, als Journalist, als Schriftsteller und als Vortragskünstler, ein zur damaligen Zeit recht einträgliches Geschäft, das sich dem Bildungs- und Unterhaltungshunger der amerikanischen Mittelschicht verdankt. Twain ist als Vortragskünstler äußerst beliebt, denn es ist nicht nur seine erklärte Absicht, die Menschen zum Lachen zu bringen, es gelingt ihm auch. Er zeigt großes Talent im Vortragen seiner Texte und entwickelt einen charakteristischen Stil – ein früher Stand-up-Comedian, der in späteren Jahren so beliebt wird, daß er auf Welttournee gehen kann.

Für seine Verhältnisse reich geworden, plant er eine Weltreise. 1867 geht er an Bord der »Quäker City«, um nach Europa und ins Heilige Land zu reisen. Es ist ein Schritt mit Konsequenzen für sein weiteres Leben. Die Amerikaner sind hungrig nach Informationen über die alte Welt, und Twain füttert sie mit Briefen, die in New York und San Francisco veröffentlicht werden. Als er nach mehreren Monaten zurückkehrt, ist er ein bekannter Mann. Aus den Briefen entsteht ein Buch, das sich bereits im ersten Jahr 67 000mal verkauft: *Die Arglosen im Ausland* – der erste Bestseller der Reiseliteratur.

Aber da ist noch mehr: Twain hat es endlich geschafft, einen Fuß in die Tür der High Society zu bekommen, denn seine Mitreisenden sind ausnahmslos Angehörige dieser Schicht. Einer von ihnen, der Sohn eines reichen Minenbesitzers, zeigt ihm ein Bild seiner Schwester. Twain verliebt sich sofort in sie. Nach seiner Rückkehr wird er ihr vorgestellt. Olivia Langdon ist zehn Jahre jünger als er und seit ihrer Jugend kränklich. Hartnäckig macht er ihr den Hof, und obwohl sie und ihre Familie Vorbehalte haben, findet ein Jahr später die Hochzeit statt.

Twain hat es geschafft. Mit dem Geld des Schwiegervaters kauft er eine Zeitung und publiziert, weiterhin auch durchaus sozialkritische Artikel. Er versteht sich noch als Journalist, aber das ändert sich bald. 1871 zieht das Ehepaar nach Hartford, einer wohlhabenden Stadt in Connecticut. Hier beginnen die produktivsten Jahre des Schriftstellers Mark Twain. Er schreibt nahezu unentwegt. Ein Buch folgt dem anderen: 1872 *Durch Dick und Dünn*, 1873 *Das vergoldete Zeitalter*, 1876 *Tom Sawyers Abenteuer*, 1880 *Bummel durch Europa*, 1882 *Der Prinz und der Bettelknabe*, 1883 *Leben auf dem Mississippi*, 1884 *Huckleberry Finns Abenteuer*, 1889 *Ein Yankee aus Connecticut an König Artus' Hof*, 1894 *Puddn'head Wilson*.

Bis in die 90er Jahre bleibt er von größeren Sorgen verschont. Er ist ein gefeierter Schriftsteller, lebt in einem Haus mit fünf Bädern, ist ein angesehenes Mitglied der Hartforder Gesellschaft und diskutiert in einem Kreis fortschrittlicher Intellektueller politische, soziale und literarische Themen – ein erstaunlicher Weg für einen Autodidakten, der lediglich eine Dorfschule besucht hat, und das auch nur bis zu seinem 12. Lebensjahr. Sogar als Verleger ist er erfolgreich, obwohl er ein miserabler Geschäftsmann ist. Immer wieder läßt er sich von gewissenlosen Geschäftsleuten übervorteilen, nicht nur mit seinen Publikationen. Schlimmer ist, daß er zu abenteuerlichen Spekulationen tendiert, die meistens schiefgehen.

Daß Twain sein Abenteurertum in der zweiten Hälfte seines Lebens in die Welt der Geschäfte verlagert, ist kein Einzelfall im Land der unbegrenzten Möglichkeiten, aber sein Hunger nach Geld steht in einem seltsamen Kontrast zu dem Denker und Humanisten, der sich ein Leben lang tiefe Gedanken »über alle bedeutenden Fragen unter der Sonne«[2] macht. Ein seltsamer Kontrast auch zu seiner wohl berühmtesten Schöpfung, dem amerikanischen Diogenes Huck Finn, dem der ganze »Zaster« egal ist. Seinem Schöpfer ist er nicht egal, es reizt Mark Twain, aus Geld mehr Geld zu machen. Er spekuliert, nicht nur in Aktien, sondern auch in Erfindungen, eigenen und fremden. Vor allem eine Schriftsetzmaschine hat es ihm angetan. Über den Zeitraum von zehn Jahren steckt er fast 200 000 Dollar in das Projekt, das am Ende ein riesiger Flop wird.

1894 bricht das Unglück über ihn herein. Sein Verlag ist bankrott. Er hat Schulden, für die er sich »moralisch verantwortlich«[3] fühlt. Anders als »in diesem verkommenen Jahrhundert«[4] üblich, will er seine Gläubiger nicht nur mit der Konkursmasse zufriedenstellen. Er will seine Schulden bis auf den letzten Cent zurückzahlen.

Twain ist nun sechzig und muß dringend Geld verdienen. Er geht auf eine Vortragsreise, die ihn mehr als ein Jahr lang um die ganze Welt führt. Nach zwei weiteren Büchern – *Persönliche Erinnerungen an Jeanne d'Arc* und *Dem Äquator nach*, seinen Reiseerinnerungen der Vortragstour – sind seine Schulden bezahlt. Die Ironie, die in dieser Geschichte steckt, könnte von ihm selbst erfunden sein: Ein junger Mann nimmt sich vor, reich zu werden, schafft es nach vielen Widrigkeiten nach oben, wird in den Mühlen der Gesellschaft zermahlen, und alles, was er erreicht, ist, daß er am Ende schuldenfrei ist.

Aber diese bittere Erfahrung ist nicht der einzige Grund

2 AB 493 3 AB 4 AB 505

dafür, daß er allmählich seine Illusionen verliert. Das Amerika, an das er glaubt, diskreditiert sich in den Augen des Humanisten und überzeugten Demokraten gleich an mehreren Fronten: Er sieht, wie die Werte der Unabhängigkeitserklärung den Interessen immer mächtiger werdender Trusts geopfert werden; er sieht, wie Politiker im Dienst der gleichen Interessen zu Demagogen verkommen, und er sieht, wie Amerika unter dem Deckmantel der Christianisierung und Demokratisierung in den Kreis der imperialistischen Mächte eintritt – für Twain ein Sündenfall und Verrat an den amerikanischen Werten.

Erbost schlägt er vor, die Flagge zu ändern, und statt der Sterne Totenköpfe einzusetzen.[5] Er schreibt sich seinen Ärger vom Leib, aber mit Ärger allein läßt sich die erstaunliche Wendung nicht erklären, die er nun vollzieht: Er, der gefeierte Humorist, der Spaßmacher der Nation wird zu einem eindeutig politischen Satiriker, der wortgewaltig gegen die Mächtigen anschreibt. Überzeugt davon, daß Demokratie nur gelingen kann, wenn alle am Fortschritt teilhaben, engagiert er sich für den Aufbau der Gewerkschaften, tritt einer anti-imperialistischen Vereinigung bei, schreibt Pamphlete und Essays, hält Reden und bezieht in Artikeln Stellung gegen Monopole, Regierung, Militär und Kirche. Sein Wort hat Gewicht in der amerikanischen Öffentlichkeit. Er ist auf dem Höhepunkt seines Ruhms. Zwischen 1901 und 1907 werden ihm drei Ehrendoktortitel verliehen, der letzte von Oxford, worauf er besonders stolz ist. Aber aufhalten kann er die Entwicklung nicht, in der sich sein Land befindet.

Das skrupellose Treiben der Vanderbilts und Rocke-

5 Vgl. KL 60.

fellers ist aber nicht der einzige Grund für seine Resignation. Das Schicksal hält schwere Schläge für ihn bereit: 1896 stirbt seine Tochter Susy, 1904 seine Frau, 1909 seine Tochter Jean; verständlich also, wenn er beginnt, den Sinn des Lebens insgesamt in Frage zu stellen. Die literarische Produktion seiner letzten Jahre wendet sich explizit dieser Frage zu. Er kommt zu der Überzeugung, daß es weder Gott noch Menschen gibt, weder Himmel noch Erde, daß das Leben nur ein irrwitziger und grotesker Traum ist.[6] Er formuliert diese Überzeugung in *Der geheimnisvolle Fremde*, einer seiner letzten großen Erzählungen, die vielen als sein Vermächtnis gilt. Und es ist die allgemeine Meinung, daß Twain im Alter zu einem Pessimisten, ja Nihilisten wird, der in zynischer Weise die Welt, das Leben und den Menschen verachtet.

Mark Twain aber kann bis zu seinem Tod 1910 weder aus seiner menschenfreundlichen noch aus seiner humoristischen Haut heraus. Bis zu den allerletzten, auf seinen Wunsch hin postum veröffentlichten Arbeiten (v. a. die 1909 geschriebenen *Briefe von der Erde*) bleibt ihm das Lachen eine »wirklich wirksame Waffe«, um mit dem »kolossalen Humbug«[7] fertig zu werden, den er in der Welt vor sich gehen sieht. Mark Twain, dieses Synonym steht bis heute für einen großen Humoristen der Weltliteratur, der nicht müde wurde, den Menschen zu sagen, wie dumm sie sind, damit sie gescheit werden.

*Günter Stolzenberger*

6 Vgl. Der geheimnisvolle Fremde, S. 547 f. 7 Ebd., S. 541.

## Siglen- und Quellenverzeichnis


AA Die Arglosen im Ausland. Deutsch von Ana Maria Brock, Aufbau Verlag © GmbH & Co. KG, Berlin 1961, 2008 (für die Übersetzung). In: Mark Twains Abenteuer in fünf Bänden. Hg. von Norbert Kohl. Band IV. Insel Verlag Frankfurt am Main und Leipzig 1996

AB Autobiographie (zusammengestellt von Charles Neidler, übersetzt von Gertrud Baruch). In: Gesammelte Werke Band V. © 1977 Carl Hanser Verlag, München

BE Briefe von der Erde (de Voto). In: Autobiographie [→ AB].

BEU Bummel durch Europa. Aus dem Englischen von Gustav Adolf Himmel. In: Mark Twains Abenteuer in fünf Bänden, © Vandenhoeck & Ruprecht GmbH & Co. KG, Göttingen 1963. Hg. von Norbert Kohl. Band V. Insel Verlag Frankfurt am Main und Leipzig 1997

DD Durch dick und dünn. Deutsch von Otto Wilck. In: Gesammelte Werke in neun Bänden. Hg. von Klaus-Jürgen Popp. Band 3. Carl Hanser Verlag, München/Wien 1977. Die vorliegende Übersetzung erschien erstmals in: Ausgewählte Werke in zwölf Bänden. (Hg. Karl-Heinz Schönfelder). Bd. 3. Aufbau-Verlag, 1960 © Aufbau Verlag GmbH & Co. KG, Berlin 1960, 2009

E [Erzählungen] Der geheimnisvolle Fremde und andere Erzählungen. Aus dem Amerikanischen von Walter Hasenclever. In: Gesammelte Werke, Band 10. Insel Verlag Frankfurt am Main 1985

FE Following the Equator – A Journey around the World. Volume I and II. Harpers & Brothers, New York und London 1899. Aus dem Amerikanischen von Günter Stolzenberger

HFA Abenteuer von Huckleberry Finn. Aus dem Amerikanischen übersetzt und mit Anmerkungen versehen von Friedhelm Rathjen. Insel Verlag Frankfurt am Main und Leipzig 2009

KL König Leopolds Selbstgespräch. Essays, Berichte, Skizzen. Aus dem Amerikanischen übersetzt von Ana Maria Brock. In: Ausgewählte Werke in zwölf Bänden. (Hg. Karl-Heinz Schönfelder).

Bd. 12. Aufbau-Verlag, 1967. © Aufbau Verlag GmbH & Co. KG, Berlin 1967, 2008

LFI Life as I find it. Essays, Sketches, Tales and Other Material. Edited by Charles Neider. Hannover House, Garden City, New York 1961. Aus dem Amerikanischen von Günter Stolzenberger

LM Leben auf dem Mississippi. Aus dem Amerikanischen von Helene Ritzerfeld. Insel Verlag Frankfurt am Main 1977

PW Pudd'nhead Wilson. Grove Press, Inc. New York 1955. Aus dem Amerikanischen von Günter Stolzenberger

PWN I Pudd'nhead Wilsons new Calendar. In: Following the Equator I [→ FE].

PWN II Pudd'nhead Wilsons new Calendar. In: Following the Equator II [→ FE]

S Speeches. Vol. 28. Harper & Brothers, New York und London 1924. Aus dem Amerikanischen von Günter Stolzenberger

TSA Tom Sawyer Abroad. Vol. 29. Harper & Brothers, New York und London. Aus dem Amerikanischen von Günter Stolzenberger

YC Ein Yankee am Hofe des Königs Artus. Aus dem Englischen von Maja Ueberle. In: Mark Twains Abenteuer in fünf Bänden. Hg. von Norbert Kohl. Band III. Insel Verlag Frankfurt am Main und Leipzig 1997.

**Schöne insel taschenbücher**
für Liebhaber des boshaften Humors
zum Lesen und zum Verschenken
an saubere Freunde, gute Feinde
und andere falschen Fuffziger

**Shaw für Boshafte**
Ausgewählt von Thomas Kluge
it 3205. 126 Seiten

**Schopenhauer für Boshafte**
Ausgewählt von Norbert Wank
it 3226. 102 Seiten

**Karl Kraus für Boshafte**
Ausgewählt von Christine M. Kaiser
it 3240. 112 Seiten

**Arno Schmidt für Boshafte**
Ausgewählt von Bernd Rauschenbach
it 3241. 100 Seiten

**James Joyce für Boshafte**
Ausgewählt von Friedhelm Rathjen
it 3242.117 Seiten

**Heine für Boshafte**
Ausgewählt von Joseph A. Kruse
it 3273. 120 Seiten

NF 711/1/09.07